Elfriede Rüdiger

Reisen ohne TÜV und TUI

Reiselust und Reisefrust

Werbeagentur & Verlag März

Titelbild:
Zwingenberger / Berliner Verlag
Rückseitenbild:
Paszkowiak / Berliner Verlag

1. Auflage 2001
Gesamtherstellung und Vertrieb:
WERBEAGENTUR & VERLAG MÄRZ
14913 Wahlsdorf, Charlottenfelder Str. 1
Tel.: (033745) 50407, Fax: 50812
e-mail: info@werbeagentur-maerz.de
Internet: www.werbeagentur-maerz.de

ISBN 3-00-008683-8

Preis: 18,90 DM /[redacted] Euro

Inhaltsverzeichnis

Vorwort - Chruschtschows letzte Rache 7
Die Jungfernfahrt!!! 11
Auf zu den Saalfelder Feengrotten!!! 14
Theo - wir fahr'n nach Lodz... 19
Einmal Mond und zurück 23
Platzverweis 25
Iß Fisch und du bleibst gesund... 26
Springen oder nicht springen - das ist hier die Frage. 29
Rundgang nur mit Korb 32
Und weiche keinen Finger breit von Gottes Wegen ab 35
Annabella Schönemann berichtet dem Goldenen Blatt 37
Wenn ich einmal reich wär - dideldadeldideldum 40
Der Herr wird's geben - Der Herr wird's nehmen 43
Poseritz - Wir kommen!!! 45
Die Sektreise 48
Ob die uns mitnehmen?? 50
Sonnengrill und Meersalz 55
Um 2 Uhr gibt's Bananen 61
Und das Leben währet 60 Jahre,
und wenn's hoch kommt 70 Jahre. 65
Wenn hier ein Berg mit Butter wär 71
Mit dem Haus unterwegs 73
Ausgesetzt 78
Ein Malheur kommt selten allein 80
Das Klassentreffen 84
Von der Etsch bis an den Belt 87
Rote Kirschen eß ich gern, schwarze noch viel lieber 92
Rundreise mit Mittagstisch 96
Camping 102
Ick kenne die Preise ...ick mach keene Reise... 105

Spinat mit Ei ... 106
Frau Doktor, mir geht's gut! ... 108
Die Kur ... 112
Reich mir die Hand, mein Leben,
komm auf mein Schloß mit mir ... 116
Nur Mut, die Sache wird schon schief gehen! ... 119
Olga ... 121
Oh, Gott, Herr Fahrer! ... 123
Brust und Rücken - Bremse drücken ... 125
Verkehrsteilnehmer aller Klassen, vereinigt Euch! ... 128
Streß - nichts als Streß ... 131
Schallalalahahaha ... 133
Wer sich in Gefahr begibt kommt darin um ... 136
Det fiel mir uff!! ... 138
Zimmer mit Bad und WC ... 139
Die Reise nach Istanbul ... 141

„Die besten Bücher sind die, von denen der Leser meint, er habe sie selbst machen können.“
Blaise Pascal

Vorwort
Chruschtschows letzte Rache

Da setzt sich vor 4000 Jahren einer hin, schneidet von einem Brett die Ecken ab und macht damit die bedeutendste Erfindung für die Fortbewegung: das Rad.

Ein bißchen holprig zwar, man spürt in den italienischen Sandalenfilmen noch alle Ecken und Kanten, fast körperlich, aber es rollt. Ben Hur, der aufrechte Kämpfer für Gerechtigkeit, zeigt beim berühmten Wagenrennen schon eine Menge Zierat und Eleganz des Rades, aber es ist immer noch ein Karren, in der Folgezeit im deutschen Sprachgebrauch als Karrete verinnerlicht.

Für nicht so sportliche Typen wie Ben Hur entwickelte man den Leiterwagen, auf denen fröhliche Menschen in weißen Hemden zur Ernte auf die Felder fuhren. Rubenssche Idylle. Die vornehme Gesellschaft kutschierte im Landauer, einem viersitzigen Gefährt mit gepolsterten Sitzen und Klappverdeck. Und Frau Gnä in Samt und Rüschen.

Endlich erbarmte sich der Freiherr von Drais der armen Fußgänger und dachte sich das Laufrad aus, eine Laufmaschine. Noch immer eine schweißtreibende und mühsame Art der Fortbewegung. Der Einbau einer Tretkurbel trieb die ersten auf das Hochrad und später auf das Niederrad. Die Hochradler bewundern wir noch heute.

Je nach Geldbeutel balancierte man auf Ballonrädern oder auf Vollgummireifen. Holländische und wahrscheinlich auch die dänischen Kinder kamen schon mit einem Fahrrad zur Welt, allen anderen Weltbürgern war das Velociped bekannt, und viele Familienmitglieder teilten sich eins untereinander.

Als 1945 die allwissenden und alles könnenden Russen mit ihren Panzern unser Land bereisten, staunten die nicht schlecht über die Fortbewegungsmittel der Mitteleuropäer. Sie hatten zwar Pipow und Popow, die von der Nähmaschine, dem Regenschirm und der Hungerharke alles erfunden hatten, aber die Fahrräder hatten sie vollkommen vergessen. So inspizierten die Eingereisten sämtliche Schuppen, Ställe, Remisen und Wohnungen nach entsprechenden Anschauungsojekten und borgten sich diese aus. Durch ihre exotische Fahrweise gaben sie

den Rädern ein eigenwilliges Design, wie man heute sagen würde. Die runden Räder in Achtform, die Lenker schräg, der Rahmen wie unser Kreuz gebrochen. Perforierte Schläuche und verlorene Klingeln. Fasziniert von der Umgestaltung vergaßen sie, die Leihgabe zurückzugeben. Die nochfahrradbesitzende Klasse brachte ihr Hab und Gut auf die Oberböden in Sicherheit und wartete auf eine günstige Gelegenheit für die Fahrbereitschaft.
Das war jüngst eine andere Erfindung, nämlich die der neuen Lebensmittelmarken, die jeden beflügeln sollten, sich seines Einsatzes für ein besseres Leben zu besinnen, egal, wo die Besinnung stattfinden sollte. Meistens weit ab vom Schuß. Die Räder rollten wieder, nicht mehr für den Sieg, mehr für 100 Gramm Fett und Fleisch. Ein dürrer Körper strampelte, wurde noch dürrer. Gab es da keine Technik, nichts mechanisches? Doch, es gab. Verbindung war alles. Wer die hatte, baute sich einen Kleinmotor an sein Rad, der ihm bei Eis und Kälte zusätzlich noch Wärme spendete. Der Hackenwärmer war erfunden. Allerdings fuhr er durch die Dörfer als Hühnerschreck. Die drei frei umher laufenden Hennen kriegten es an dem Tag mit der Angst zu tun und vergaßen, das obligate Ei zu legen. Die Fahrer dieser knatternden Monstren mußten den angebauten Motor durch ihr Körpergewicht ausgleichen. Rechts der Motor, links ihr Körper. Stiegen sie ab, hatten sie eine ganze Weile einen Linksdrall. Politisch lagen sie somit vollkommen richtig.
In der Stunde Null zeigten andere Zeitgenossen ihr Organisationstalent und gaben den Überresten der Wehrmacht auf ihren Bauernhöfen eine neue Heimat. Unter Stroh versteckt dämmerte so manch ein alter Opel dahin und erwachte in ruhigen Momenten zu einem *Leporello*, zu deutsch Oller Opel.
Leporello, sonst nix? Doch plötzlich gab es den P-70, die ihn nicht besaßen, tauften ihn Papp-70. Purer Neid. „Wennste mit dem fährst, mußte vorher dein Testament machen!“
Man wartete auf den *Trabant-601*. Das heißt: 600 bestellen „und eener kricht'n.“ Es war der Kugelporsche oder die Asphaltblase für den Osten. Und die ihn ergatterten, schworen auf die ungeahnten Transportmöglichkeiten. Er ersetzte einen Möbelwagen. Die Türen ließen sich so

weit öffnen, daß man Kühlschränke, Waschmaschinen und Fernseher ohne Schwierigkeiten zur Reparatur bringen konnte. Glücklich, wer einen Trabantbesitzer zum Freunde hatte.
Zu der Zeit machte ein gewisser Nikita Chrustschow von sich reden. Er war der Erfinder der Gartenwurst, die Eingeweihte als grüne Gurke ausmachten, er empfahl seinen Satellitenstaaten, Maiskolben abzulutschen und Kürbiskerne zu knacken. Und zur Krönung seiner Laufbahn donnerte er mit seinem Schuh auf dem UNO-eigenen Tisch herum, vor allen Leuten. Das erhöhte seinen Bekanntheitsgrad enorm. Alles, alles verzieh man ihm, aber nicht, daß er uns nach dem *Mosquietsch* bei seinem politischen Abgang schnell noch den *Saporoshez* ins Land schickte. Formvollendet düste er elegant über unsere Autobahn und veranlaßte die andern immer wieder zu dem Ausruf: Ach du meine Güte, das ist *Chruschtschows Letzte Rache.*
Mehrere Generationen von Autobauern hatten in diesem Fahrzeug versucht, ihre Ideen zu verwirklichen. Man sah es und man hörte es. Er vereinigte die Kinderkrankheiten gleich mit den Altersgebrechen.
Mit Chruschtschows letzter Rache russifizierten wir unsern Geschmack, als wären wir tatsächlich alle aus dieser Gegend. Unsere Straßen versetzten uns dazu in den Rausch, ganz dicht bei Sibirien zu wohnen. Loch an Loch, hält aber doch.
Und unsere Autoindustrie entwickelte und entwickelte, brachte nach mehreren Entwicklungsjahren schmerzgebeutelt unter schwersten Geburtswehen eine neue Zierleiste für einen zehn Jahre alten Wagen heraus. Sonst war meist alles beim alten, nur ein neuer Preis war entstanden.
Verkaufstalente traten auf den Plan. Was sag ich ... Verkaufsgenies. Sie verstanden Uraltkisten von zehn und mehr Jahren zum Neupreis zu verhökern, manchmal noch darüber. Ihre Portemonnaies platzten, sie lebten eigentlich auf den eigens dazu eingerichteten Autoverkaufsplätzen. Gestattet war das nicht gerade. Man fragte sich, wann und wo die arbeiteten, hatten aber so viel Kohle, daß sie sich die tollsten Autos westlicher Produktion zulegen konnten.
Auch der Handel mit Autoanmeldungen trieb massenhaft Blüten.

Um ein Auto zu kaufen, mußte man sich anmelden. Der erste Akt eines eben volljährig gewordenen war, sich sicherheitshalber sofort für ein Auto eintragen zu lassen, damit er noch „vor der Rente“ mal einen fahrbaren Untersatz auf reelle Art und Weise bekam. Natürlich wurden solche Anmeldungen ebenso verhökert wie die Autos selber. Das Autogeschäft blühte und war für eine ganze Reihe von Bürgern ein recht lukratives Geschäft.

Wenn man zur fahrenden Kaste gehörte, saß man im Trabant, im Wartburg, im P-70, in Chruschtschows letzter Rache, in irgendeiner Rostlaube aus dem Westen, die einer durch Erbschaft einführen durfte, man saß im „Mercedes des Ostens“- dem Polski-Fiat, oder man hatte einen leckeren Skoda. Die Bonzen schaukelten in ihren Bonzenschleudern durch die Gegend: Wolga, Tschaika und Volvo. Das alles jockelte mehr oder weniger mit und ohne Auspuff durch die Gegend, verpestete zweitaktmäßig die Umwelt, aber das störte so direkt niemanden. Nur, wenn man hinter so einer Dreckschleuder herfuhr, sehnte man sich nach Waldesluft und Waldesduft.

Die Leute fuhren glücklich ihres Besitzes in den Urlaub mit Chruschtschows letzter Rache und Co... Man staunte, mit welchem Mut sie das taten. Freiwillig fuhren einige vorher zu einer Werkstatt und beruhigten ihre nicht so versierten Mitfahrerinnen, daß man mit dem Auto tatsächlich noch außer Landes kam. Man traf auf den Trabi im Kaukasus, was selbst die dortigen Automechaniker in Erstaunen versetzte. Man staunte, was die meisten alten Vehikel leisteten, ohne TÜV. Alles war mobil, und in seine aufgemotzten und etwas frisierten „Fortbewegungselemente“ hatte man ein unsägliches Vertrauen. Man erlebte seine Reisen ohne *TÜV und TUI*. Und vieles, was man erlebte, kann man hier nachlesen.

Die Jungfernfahrt!!!

Wir schreiben das Jahr 1961. Es ist noch Winter mit Schneematsch und Nebel, richtig ungemütlich, aber ein Silberstreif am Horizont zeigt kommende Freuden an. Die Freude hat vier Räder, ein Lenkrad und heißt Oktavia ... Skoda-Oktavia.

„Sie können den Wagen aus Heidenau abholen." Heidenau ist für uns das nächste Ende, so ungefähr 200 Kilometer. Das nimmt man in Kauf für ein erstes Auto. Was aber viel schlimmer ist, keiner von uns kann Auto fahren. Die Belieferung kommt so schnell, wir sind noch mitten bei der Fahrschule.

Für die kommenden Besteller eine einfach märchenhafte Vorstellung. Und alles ohne Schmiergeld, so ganz legal.

Wir finden einen Mann, der schon mal ein Auto gelenkt hat. Um Mitternacht fahren wir mit der Bahn nach Heidenau bei Dresden. Unsere nächtliche Anreise ist für den Auto - Vertrieb kein Grund, die Öffnungszeiten zu ändern. Bis 10 Uhr vertreiben wir uns am Kiosk mit lauwarmen Würstchen die Aufregung. Es handelt sich immerhin um 14000 Mark, die wir ohne Skonto sofort zu berappen haben. Mein naives Gemüt stellt sich dabei vor, ich könnte bei dem Preis mal probesitzen und mir die Farbe aussuchen und den Wagen ein bißchen streicheln. Neulich hatte ich mir im Konsum für 95 Pfennige eine Zahnbürste gekauft, da wählte ich mir eine grüne aus. Mich aber schließen sie in ein unfreundliches Büro ein, wo ich die Wandzeitung vom vergangenen Jahr studiere und auch das Plakat mit der Aufschrift: Mit KASKO FAHREN – SICHER FAHREN ... rückwärts lesen lerne ... NERHAF REHCIS – NERHAF OKSAK TIM ...

Es gibt Schlimmeres, ich beruhige mich, schließlich haben wir in wenigen Stunden ein neues Auto, es ist das 20. in der Stadt. Nach langer Einzelhaft tauchen die Männer wieder auf. Meiner Meinung nach waren sie bis Mlada Boleslav, wo die Skodas hergestellt wurden, gelaufen. Nein, sie waren auf den Heidenauschen Wiesen, hier grasten die Autos und warteten auf die Käufer, die zusätzlich eine kräftige Lage schmissen, damit sie die gewünschte Farbe erhielten. Nun bin ich Mitbesitzerin eines weißen Wagens, später werden wir das Nummernschild

DB 17 – 92 haben. Vorläufig dekorieren wir uns mit einer roten Nummer. „Das ist eben so!“ werde ich belehrt. Rasant steuert der Fahrer auf die Autobahn, mir wird schlecht, das Würstchen will mich verlassen, und auch der Kaffee will raus. Angesichts der neuen Polster halten die Männer an. Erleichtert setzen wir die Fahrt fort. Vorsorglich schließt man mich in die Gespräche über Getriebetunnel, Benzinverbrauch und Gangschaltung ein. Mein Gehirn arbeitet so scharf, daß ich die zusammenlaufende Spucke dirigieren kann.

Ab und zu werde ich gefragt, ob sie anhalten sollen. Nun folgen auch Ratschläge. „Immer tief Luft holen, wenn einem schlecht wird.“ „Ich kannte mal einen, der legte sich bei jeder Fahrt einen nassen Lappen auf den Bauch, aber nicht mit Wasser, nein, einen mit Alkohol.“„Schade um den schönen Schnaps!“ jammert mein Mann. Also, ich stell mir vor, bei jeder Fahrt erst die Kledage zu heben und mit einem Bauchwickel die Gegend zu begucken. Sollten wir das Auto vielleicht doch wieder verkaufen?

Inzwischen ist der Aschenbecher übergelaufen, mit kühnen Schwung entleert ihn mein Mann in die Umwelt. Heute ist die Umwelt etwas ganz anderes als damals. Ich mach das heute nicht mehr, außerdem sind wir alle Nichtraucher geworden. Damals aber eben nicht. Es klappert, außer der vielen Kippen ist im Ascher auch der Autoersatzschlüssel gewesen. Mit mathematischer Berechnung was das Tempo, den Bremsweg, die Fluglinie und den Schneematsch betrifft mache ich mich auf die Suche, um den Schlüssel zu finden. Frische Luft tut mir sowieso gut.

Ich finde ihn ....

Sie aber lenken sofort ab und kommen wieder auf meine zarten Magenwände zu sprechen. Es gäbe auch noch Antikotztabletten. Die soll ich mir holen. Als Kämpfernatur nehme ich es aber mit meinen Innereien auf. Das wäre doch gelacht. Als wir mitten in der Nacht zu Hause ankommen, gießen wir den Schnaps nicht auf den Bauch sondern in die Kognakgläser. Dazu gibt’s echte Pferdebuletten. Noch immer laufen Pferde rum. Was essen wir, wenn die alle sind? Ob die Autoreifen auch so gut schmecken werden? Pferdebuletten, für uns ein Gaumenschmaus. Schon im Krieg und in der Nachkriegszeit plante man die

Zuteilung von Pferdefleisch ein, denn es gab die doppelte Menge. Das Anstellen lohnte sich, die Rouladen waren doppelt so groß, die Bratwurstscheiben doppelt so dick. „Rind- und Schweinefleisch ist knapp, drum essen wir nun Trab-Trab-Trab.“ Und vielen schmeckte es nicht mal schlecht. So ist die Speisegaststätte Am Markt mit ihren Pferdefleischgerichten immer gut besetzt, und an der Theke stehen ständig Käufer mit Schüsseln und Eimern, um die begehrten Buletten zu Hause oder im Betrieb als Delikatessen zu verteilen. Die Buletten, ganz flach ohne die Form zu verlieren, strömten einen würzigen Duft aus. Man mußte sich anstrengen, schnell nach Hause zu kommen. Jede Ähnlichkeit mit den Bowlingsteinen anderer Fleischereien späterer Jahre kann man mit gutem Gewissen abstreiten.
Die „Roßtrappe“ oder auch „Bulettendiele“ wird wahrscheinlich nicht mehr lange bestehen, Pferde werden knapp werden. Und Autoreifen werden nicht schmecken. Sie eignen sich nur für die Sandkästen der Kinder.

Auf zu den Saalfelder Feengrotten!!!

Vor dem Haus steht ein blitzender Trabant, himmelblau, funkelnagelneu. Er gehört Gerda und Bodo und den Erben Bettina und Thomas, falls der Trabi das durchsteht. Alle sind vollkommen aus dem Häuschen, denn es ist ihr erstes Fahrzeug mit Motorantrieb. Bodo hat seit drei Tagen die Fahrerlaubnis, jeder Handgriff sitzt perfekt. Gestern lösten sie ihr Bankkonto auf, sie sind vollkommen pleite, aber für einen kurzen Wochentrip reicht es noch grade, schließlich muß so ein Wagen eingefahren werden.

Vor den Preis haben die Götter bekanntlich den Schweiß gesetzt, und so stehen alle vier mit Wassereimer, Schwamm und Lappen vor ihrem Gefährt, um den noch nicht vorhandenen Dreck abzuwaschen und den Lack etwas zu verkratzen.

Bodo schließt den Wasserschlauch an und läßt ein mickriges Rinnsal über das Dach laufen, er will die Karosse nicht gleich perforieren, er kennt die Tücken eines scharfen Strahls, wenn er den Salat im Garten spritzt und tiefe Löcher in das Erdreich schießt.

„Was da schon für eine Brühe runter kommt, kaum zu glauben!“ verkündete er. Das ist das Signal für Franz aus dem Fenster zu gucken und seinen Kommentar dazuzugeben.

„Putzt nich so viel, fahrt lieber!“

Bodo tritt aus seiner Wasserlache drei Schritte zurück und visiert die von Gerda gewienerte Stelle. Er kann sich nicht satt sehen an dem Glanz. „Was denkste, wie der erst aussieht, wenn wir den mit Glanzspray poliert haben,“ und zu Franz gewendet: „Morgen geht’s in die Saalfelder Feengrotten. Wollte schon immer mal dahin. Ja, mit Übernachten. Die Kinder sollen ihre schöne Heimat kennenlernen.“

Die Kinder, vier und sechs Jahre alt, tobten vorerst um das geschrubbte Objekt der Fortbewegung und wollten eigentlich nur fahren, ganz schnell fahren und alle überholen. Sie wußten nichts von Saalfeld und seinen Feengrotten. Eine angekündigte Reise nach Australien hätte auch keinen größeren Eindruck gemacht.

Am frühen Morgen des nächsten Tages bevölkerten sie überglücklich lärmend ihren Trabi, kontrollierten zur Freude der Nachbarn die Türen, die

Kofferraumklappe und die Motorhaube auf ihre absolute Sicherheit, quälten den noch müden Anlasser und fuhren mit juchzendem Motor im ersten Gang bis zur Ecke.
„Hast du die Fahrzeugpapiere? Hast du deine Fahrerlaubnis? Den Ausweis?“ nervte Gerda ihren Bodo. Es war ihre erste selbständige Reise und sie sollte nicht an solchen Kleinigkeiten scheitern.
„Mein Gott, Bodo, ich hab den Fotoapparat vergessen. Der liegt noch auf der Treppe. Fahr noch mal zurück! Du kannst doch rückwärts fahren?“ Das ging an Bodos Ehre.
Die wieder in Schlaf gefallene Nachbarschaft war früh um 5 Uhr für Bodos Fahrkünste besonders dankbar.
Nun waren alle wach.
Der Motor stotterte, der nahm das auch übel, es ruckelte und schuckelte und Gerda fragte, ob da schon was kaputt sei. „Das ist am Anfang immer so!“ Betraf das nun sein Fahrtalent oder den noch nicht eingefahrenen Motor? Darüber schwieg er sich aus.
Nun aber endlich auf die Hauptstraße mit ungebremster Energie, mit 80 Sachen, manchmal schneller, manchmal langsamer. Wie Bodo das gelernt hatte. Alles ausprobieren.
„Was der Mann alles kann!“ dachte Gerda. Was waren sie für eine prima Familie, hatten gespart, sich kein Vergnügen gegönnt, im Sommer war sie ohne Strümpfe gegangen, oder sie hatte sich die Nähte mit dem Augenbrauenstift angemalt. Jetzt besaßen sie ein Auto!!!
„Da, Papa, noch ein Auto! Ist das auch ein Trabant?“ „Nein, das ist ein Wartburg!“ „Der ist ja größer als unser.“
„Fährt der auch schneller als unser?“ „Ja!“ „Papa, wenn der größer und schneller ist... warum hast du dann nicht so was gekauft?“
Das hatte er nun davon. Kaum hatten sie einen fahrbaren Untersatz, war keiner damit zufrieden. Sollte er ihnen sagen, daß es gerade mal zum Trabant gereicht hatte? Alle guten Vorsätze vergessend drückte er ordentlich auf die Tube und jodelte mit 90 Sachen los. Zeigen wollte er ihnen schon, was in dem Ding steckte.
Inzwischen untersuchten die Kinder das Innenleben, sie untersuchten die Aschenbecher, die Knöpfe und Hebel für Fenster und die Türen.

„Papa, sind wir bald da?" „Papa, wie lange dauert das noch?" „Papa, kannst du nicht schneller fahren?"
Und Papa wurde sauer und drohte anzuhalten und alle rauszuschmeißen. Sie besannen sich auf ihre Mama.
„Mama, ich hab Hunger!" „Mama, ich möcht'n Bonbon!" „Mama, ich hab Durst!"
Alles klebte, und die Brause wollte auch wieder raus. Mit solcher nervenden Unterhaltung sahen sie die Türme von Saalfeld. Nur noch schnell ein Hotelzimmer. Das kann wohl nicht so schwer sein. Gerda schwärmte aus... und meldete überall volle Zimmer. Irgendwas tagte hier an diesem Wochenende. Am ganz späten Abend erbarmte sich eine Dame vom Zimmernachweis, schon den Schlüssel für's Büro in der Hand. „Es sind nette Leute," war alles, inklusive einer geheimnisvollen Adresse in einer dunklen, unbekannten Stadt.
Wo war das? Gerda sollte das erkunden. Wütend schrie sie: „Nächstes mal fahre ich vorher die Strecke mit dem Fahrrad ab, damit wir wissen wo es lang geht. Such dir die blöde Straße selber!" Wie durch ein Wunder standen sie plötzlich vor dem gesuchten Haus.
Ganz im Dustern, völlig verrammelt, keine Klingel, drinnen lief in voller Lautstärke überall das Fernsehprogramm. An einer ruhigen Stelle im Film hörten die „netten Leute" das Bummern an der Haustür. Und sie schleusten die übernächtigten und verängstigten Autobesitzer in den dritten Stock, in ein kleines Stübchen mit einem Ehebett, einer Waschkommode, wo ein Finkennapf sie an die klebrigen Finger ihres Nachwuchses erinnerte.
Papa sprang sofort drei Treppen hinunter auf den Hof, um von der Pumpe frisches Wasser zu holen. Fröhliche Eiszeit, aber sie hatten ein Auto, viele hatten keins.
Eine Treppe tiefer war die Toilette. Schallendes Gelächter holte die Familie an diesem Ort zusammen. Das war nur in Gemeinschaft zu erleben und auch zu bewältigen.
„Mama, sind das die Feengrotten?" Mama hatte zwar auch noch keine Saalfelder Feengrotte gesehen, aber irgendwie eine andere Vorstellung. Wer aber keine kannte, konnte auf die Idee kommen, so könnte

eine aussehen. Ungefähr drei mal drei Meter wiesen eine etwas eigenwillige Toilettenkonstruktion auf. Man trat zunächst auf eine große Platte von einem halben Quadratmeter, ging drei Stufen weiter nach unten, um unten angekommen nach rechts oben im Winkel von 45 Grad sechs schmale Stufen mit dem oben thronenden Klosettbecken zu erklimmen. Sonst war weiter nichts drin, abgesehen von dem an der Decke klebenden Wasserkasten mit einem bis an die Erde reichenden Bindfaden mit einem bombastischen Griff. Andächtig bestaunten alle vier das ausstellungsreife Kunstwerk.
„Mein Gott, wer hat sich das wohl ausgedacht?“ entrang es sich dem schon von jedem Omnibushäuschen hingerissenen Bodo.
„Entweder ein Klosettfetischist oder ein Irrer.“
Das Familienoberhaupt mußte unter Aufsicht aller diesen Thron als erster besteigen, oben angekommen, sich seiner Hüllen entledigen und seinen Geschäften nachgehen. Bodo, mit 1,87 m stieß beim Sitzen mit dem Kopf oben an die Decke, was ihn wiederum veranlaßte: „Mein Gott, deine Wege sind wundersam, nie hätte ich gedacht, in Saalfeld solchen einmaligen Kunstgenuß vorzufinden.“ Allmählich akklimatisierte er sich unterhalb der Decke und verteilte praktische Ratschläge. Man könnte sich der Kledage schon vor der Treppe entledigen, weil oben wenig Spielraum zum Drehen wäre, und außerdem müßte man schwindelfrei sein. Bei dieser Gelegenheit machten sich die Kinder bemerkbar, begeistert zogen sie an dem langen Strick, aber sie waren nicht zu bewegen, in diese Höhe zu ihrem Vater zu steigen. Sie weigerten sich die Feengrotte zu erklimmen, sie wollten lieber ein richtiges Klo wie zu Hause. Der Papa führte nun jeden einzelnen nach oben auf den Thron, stand davor wie ein Untertan vor seinem König und paßte auf, daß keine umstürzlerische Bewegung den jeweiligen Regenten in den Abgrund riß.
In dem vollkommen normalen Zweibettzimmer überlegte man den Sinn dieser Kunstausstellung. Ein Neuerervorschlag? Unter Verwendung endloser Paketstrippe! Der Gedanke, einer müßte des nachts die Grotte besuchen war auch nicht eben beruhigend, aber Bodo wollte im ständigen Einsatz als Fremdenführer arbeiten.

An Schlafen war sowieso nicht zu denken. Nach rechts und links war ihr Zimmer durch Türen von anderen Räumen getrennt. Hier spielte sich das wahre Leben ab. Zwei Schwerhörige erlebten nebenan den Kampf zwischen Apachen und Sioux, nach der anderen Seite hörten sie die Witze einer angetrunkenen Wochenendgesellschaft. „Wenn das hier immer so ist, hat der ehemalige Besitzer dieser Bude sich diese ausgefallene Toilettenkonstruktion in einem Anfall von Idiotie einfallen lassen." war der morgendliche Kommentar von Bodo. Die durch den Reiseführer bekannte Feengrotte erregte lange nicht solche Aufmerksamkeit.
Bettina und Thomas schilderten der Großmutter sehr anschaulich ihre Grotte. „Meine Güte, wo wart ihr denn bloß? Ich denke, ihr wart in den Saalfelder Feengrotten!" „Ja, da waren wir unter anderem auch."

Theo - wir fahr'n nach Lodz...

Nach Lodz nicht gerade und auch nicht mit Theo, aber die Richtung stimmte. Wir suchten Königlich-Glugowko in Westpreußen. Unser Opa war von da, und mein Mann wollte sich mal ansehen, wo er früher in den Ferien die Ziegen seiner Tante Lene gehütet hatte. Oma nähte derzwischen für die ganze Verwandtschaft Kleider und Schürzen, bis die Ferien um waren und der Koffer bis obenhin mit Speck und Eiern und Schinken gefüllt war. Von Mallorca und Tunesien sprach damals niemand, sie waren glücklich, Tanten und Onkel und Vettern zu haben, die nichts von Bombennächten wußten und sich von den magenfüllenden Produkten trennen konnten. Man tanzte unbeschwert auf den Wiesen, sprang mit der Turnhose in die Weichsel und niemand verdunkelte abends die Fenster.

Ewig wird es uns ein Rätsel bleiben, wie die zehn Blockhäuser zu dem Königlichen Namen gekommen sind. Zusammengezimmert aus Schiffsplanken der abgewrackten Fischerkähne, und weit und breit nichts Erhabenes, kein Park, keine Burg, kein Schloß, kein bißchen Ruine. Noch immer fuhren die Leute mit dem Handwagen über die Weichselbrücke, kauften Zucker und Salz und Stopfgarn, alles andere erzeugten sie selber. So war es früher bei Tante Lene gewesen, so war es auch heute, 1970.

Die Vorfahren wurden 1945 jäh aus diesem paradiesischen Zustand gerissen. Die Russen kamen. Und wie zu Zeiten der großen Völkerwanderung trieb es die Ostgermanen in Form von Königlich-Glugowkoern an die Nordsee. Und dort siedelten sie und weinten viel in Erinnerung an ihr vorsintflutliches Leben, bauten mit nassen Augen ihre Häuser, mit blitzenden Wasserhähnen, mit Ölheizungen, mit Fliesen an der Wand, hängten Gardinen an die Fenster und brauchten keinen Handwagen mehr für die Zuckersäcke. Mit dem Auto fuhren sie zum Supermarkt und kauften Fastfood, Icecream und Büchsenbier. Sie weinten immer seltener, und wenn, dann zu Weihnachten in der Kirche. Sie schickten stille Dankgebete nach oben und dankten den Russen für die Vertreibung aus dem vermeintlichen Paradies. Sie säßen sonst immer noch auf ihrer Klitsche.

Das Königliche hakten wir auf unserer Exkursion ab und suchten den Ort meiner Hüterlaufbahn. Mir hatte man sogar die Gänse und die Kühe anvertraut. In Grünfier bei Schönlanke. Bei Bauer Schumann. Ein dünnes, fliegeralarmgeschädigtes Mädchen traf bei ihnen zur Erholung ein. Und es langweilte sich, denn alle Völkerballspielerinnen waren vormittags in der Schule.
Kurz entschlossen meldete ich mich bei Lehrer Gutzeit an.
Dieser Ort meiner freiwilligen Beschulung wurde nun erkundet. Grünfier, wo bist du? Vierzig Jahre waren inzwischen vergangen, und das ganze jetzt auf polnisch. Mein Gehirn qualmte. Und die Zwischenbemerkungen des Chauffeurs: „Na, du mußt doch wissen, wo du warst!" setzten es mitunter lahm.
Grünfier, ja, du bist es. Es war der Kirchturm, daneben die Schule, damals ein Hort mit für mich olympischen Ehren, hier feierte ich meine größten Triumphe. Freiwillig war ich in die einklassige Dorfschule gegangen, aus Langeweile, nicht um zu protzen. Aber es bekam mir und der Dorfjugend auch. Sechs Wochen war ich der Liebling des Lehrers. Sechs Wochen hatten alle richtige Rechenaufgaben und die schönsten Sätze. Beim nachmittäglichen Kühehüten dampfte mein Kopf, alle glaubten mir und schrieben von mir ab.
Nach sechs Wochen war die hohe Zeit meiner Erfolgserlebnisse vorbei. Nun hieß es im Gymnasium selber zu pauken. Das alles erzählte ich auf der noch vorhandenen Pferdekoppel beim Picknick, und für kurze Zeit war ich wieder elf Jahre.
In der nächsten größeren Ortschaft versuchten wir ein Nachtquartier zu bekommen. Nichts ging. Ein alter Pole lotste uns mit fließendem Deutsch zu sich nach Hause auf seine Doppelbettcouch. Die ganze Nacht drapierte ich mich um meinen Mann herum, denn die Couch hatte eine Delle, die er im Tiefschlaf für sich beanspruchte.
Wohnwagen an Wohnwagen zog auf der Rückreise an uns vorbei. Der Wunsch nach einem fahrbaren Haus war nach der Nacht nicht zu überhören. Da stand doch neulich was im "Straßenverkehr"!
Vorher hatten wir noch nie von Georgewitz-Bellwitz gehört.
In Löbau, kurz vor der tschechischen Grenze, sah ich mich auf dem

Marktplatz um. Wer konnte mir Auskunft geben. Da, eine mit einer Kittelschürze, die war von hier. Touristen sehen anders aus.
„Ja, das kann ich ihnen genau beschreiben. Mein Mann arbeitet in der Werkstatt.“ Ich erfuhr auch noch, daß er am Ende der Saison auf einen Testwagen Anspruch hätte, sie ihn aber nicht brauchten.
Wenn ... dann ...
„Wo bleibst du denn so lange? Habt ihr Kochrezepte ausgetauscht?“
Nein, ich hatte ein fix und fertiges An- und Verkaufsprogramm in der Tasche, so mitten auf dem Marktplatz von Löbau.
In dem Wohnwagenbetrieb lachten die uns aus: Da könnte ja jeder kommen.
Vorerst meldeten wir uns im IFA-Vertrieb in Potsdam an, ja, das könnte vielleicht ganz schnell gehen. Wir zählten schon mal die Taler. Bei einer zaghaften Anfrage erfuhren wir, daß wir von der ersten Stelle auf die 360. Stelle gerutscht waren, denn alle hatten den Bericht im Straßenverkehr gelesen und sich infolgedessen vom Favorit Bastei auf den Neuling „Intercamp“ umgemeldet.
Bei der Rasanz der Produktion war vor unserm 75. Lebensjahr nicht mit einer Belieferung zu rechnen. So lange wollten wir nicht warten. Die Kittelschürze wurde interessant.
Plötzlich hatte ich eine Cousine in Löbau, denn nur unter Verwandten war eine Überschreibung des Hängers möglich. Wir holten den Testwagen ab, der Schlüssel war nicht aufzutreiben. Mit der Post wurde er nachgeschickt. Eine Woche gingen wir um das Objekt unserer Begierde nur herum, hatten keine Ahnung von seinem Innenleben.
Aber der erste Urlaub entschädigte uns vollkommen. Diesmal wurden wir an der Grenze nicht nach Waffen, Raketen und Schnaps kontrolliert, die Zöllner beider Seiten machten nur lange Sitzproben. Vier Zöllner saßen an meinem brandneuen Tisch, sahen sich ungeniert um, ich brauchte nur noch Kaffee zu kochen.
Auf den Campingplätzen waren wir die Attraktion. Die Männer standen Schlange, wenn wir von unseren Wanderungen kamen. Technisch war ich ziemlich überfordert, es fehlte ein mittleres Ingenieurstudium, aber ich schaffte es, nach einer gewissen Zeit Auskunft zu geben über

Windschnittigkeit, Zulademöglichkeit, über Fahrverhalten, und ich konnte sogar ankoppeln, zwar nur mit äußerster Konzentration, aber andere konnten nicht mal ein Zelt aufbauen. In Nullkommanichts stand unsere Hütte. Man staunte, mit welcher affenartigen Geschwindigkeit wir das schafften. Allerdings trennten wir uns ganz schnell von dem standardisierten Vorzelt. Sechs Mann tranken dazu einen Kasten Bier. Aber da drinnen hätte man gut und gerne eine Jugendweihefeier abhalten können. Und ein Roller wäre auch nicht übel gewesen.
Ein individuell angefertigtes kleines Vorzelt brachte uns in den Geruch von Profis: Die machen nichts als Zelte aufzubauen. Überall fuhren wir hin, nicht ein einziges mal nach Lodz.

Einmal Mond und zurück

Frisch ausgebildet, den Kopf voller Träume, den Bauch voller Hunger, versuchte ich nach Prenzlau zu kommen. In dieser Kornkammer der Mark müßte man eigentlich satt werden.
Auf dem Trittbrett angeschnallt erreichte ich Berlin. Hier wartete ich auf Lotti, Lotti aus Finsterwalde, auch ganz wild darauf, den ABC-Schützen in der Uckermark das Rechnen und Lesen beizubringen. Nach stundenlangem Anstehen besaßen wir eine Fahrkarte für überübermorgen.
Da trafen wir uns unter gleichen Bedingungen wieder auf dem Stettiner Bahnhof. Weder Fahrplan noch die Garantie, daß überhaupt ein Zug fuhr, hatte uns abschrecken können. Ein freundlicher Eisenbahner riet mir, gegen vier Uhr auf dem Bahnhof zu sein, da wäre irgendwie ein Zug da. Etwas angekohlt traf ich auf Lotti.
Ein abgetakelter Zug nahm die Reisewilligen auf, mit Kisten und Säkken und Holzkoffern. Ein paar Kraftprotze hievten uns durch das Fenster, und im Laufe der Fahrt rutschten wir in die unteren Regionen, umfallen konnte keiner. Prenzlau empfing uns mit einer Bretterbude... Bahnhof... Ein Schild aus Pappe empfahl uns ein Hotel, in 300 m Entfernung. Beide waren wir noch nie in einem Hotel gewesen. Im Schein einer 15-Watt-Birne lernten wir nun eins kennen. Mit uns Hunderte von Weltreisenden. Sie alle wollten irgendwohin. Vorläufig lagen sie auf Tischen und Bänken und warteten auf die fehlenden Lokomotiven für die Weiterfahrt. Wir bekamen auch einen Tisch, eng umschlungen, mit dem Rucksack unterm Kopf, hofften wir auf den Morgen. Wasser gab's nicht, also hin zur Ucker, um mit frischen Augen ausgeschlafen nach Osten und Westen auszuschwärmen. Mich trieb's nach Schapow, zwanzig Kilometer Fußmarsch, bei brütender Augusthitze. Waren die Busse eigentlich schon erfunden? Auch keine Kleinbahn, nicht mal eine klitzekleine, erbarmte sich meiner wunden Füße. Die Schule schlief, es waren Ferien, die Fliegen summten wie eine weit entfernte Dreschmaschine. Lehrer brauchten sie nach Aussagen des Bürgermeisters nicht, auch das Essen wäre knapp, und die Möbel müßte ich von zu Hause mitbringen. Sollte ich deswegen umziehen? Sofort entschloß ich mich,

in den heimatlichen Gefilden zu bleiben. Lotti kam mit gleichen Nachrichten. Sie beflügelten uns sofort zurück nach Potsdam zu fahren und im Ministerium vorstellig zu werden.
Wir beobachteten ein Auto mit drei Rädern, ein Dreirad. „Mädels, betet, daß ich Benzin kriege, dann nehm ich euch hinten auf dem Stroh mit.“ Die frommen Sprüche halfen. Aber, wie das bei Behörden so ist, die hatten zu.
Zum vereinbarten Treffpunkt, eine Woche später, erschien Lotti nicht. Mutterseelenalleine berichtete ich von der hoffnungslosen Lage in der Uckermark. Trotzdem sollte ich hinfahren, die SMA hätte das so festgelegt. Man schmiß mich raus.
Von der SMA hatte ich schon mal was gehört, das war die Sowjetische Militäradministration, was das auch immer bedeuten sollte. Wenn die das Sagen hatte, mußte ich dahin.
Ein endloser eiserner Zaun, obenauf ein dicker Sowjetstern, ein Portal, das verkündete: Hier ist man sicher wie in Abrahams Schoß! Auf gut Deutsch: wer hier drin ist, kommt so leicht nicht wieder raus. Sollte ich da freiwillig rein?
Die Wache staunte darüber genauso wie ich. Sie eskortierte mich durch lange Korridore, eine Tür öffnete sich, ich durfte mich setzen. An einem großen Schreibtisch quetschten sich drei recht dicke, bullige Offiziere in Unterhemden. Grüne Soldatenunterhemden. Die Brusthaare quollen durch das Netzwerk. Es war ein schwüler Augusttag, bei ihrem Anblick würde mir auch nicht kalt. Auf was hatte ich mich bloß eingelassen?! Denen erzählte ich von Prenzlau und der so wenig kulanten Schulbehörde. Ich setzte noch ein Sahnehäubchen darauf: daß ich bald heiraten wollte, mein Liebster so weit weg wäre, ich immer an Heimweh litt und so weiter und so fort.
Sie hatten viel Verständnis, nickten mit dem Kopf, heizten der Behörde ein .... und als ich da ankam hatte ich in Nullkommanichts die Einweisung in meinen Heimatkreis. Lotti habe ich nie wiedergesehen, sie hat die Flinte zu schnell ins Korn geworfen.

Platzverweis

Das neue Auto, unser allererstes, setzte uns in einen wahren Freudentaumel. Nun stand die Welt offen, jedenfalls das, was wir für die Welt hielten. Die Welt hieß Ostsee, und in einer Art Hühnerstall vergoldeten wir der Bauersfrau für drei Wochen die Nase. Aber das Wetter war schön, nun fehlte nur der Strandkorb. Was ist ein Strandurlaub ohne Korb? Man verwahrte darin den mitgeschleppten Hausrat, er war der Treffpunkt der Familie, stündlich mußte man ihn drehen, und er signalisierte den übrigen: Seht her, wir haben genau wie ihr dem Strandkorbvermieter ein Riesentrinkgeld verabreichen können. Drei Tage steuerten wir morgens auf Nr. 47 zu, verließen ihn abends sauber ohne Leergut und die Welt war für uns in Ordnung.

Die Kinder spielten am Wasser, der Hausherr schlief, ich strickte an einem neuen Pullover. Plötzlich warf sich ein Schatten über die Idylle, ein Uniformierter fragte nach unseren Personalien. Für gelernte Bürger des gelobten Landes nicht ungewöhnlich, aber am Strand außergewöhnlich. „Sind Sie bei der Wismut beschäftigt?“ „Nein, sollten wir?“ Wir kannten auch keinen, der da arbeitete, hatten weder Verwandte noch Bekannte, konnten nichts vorweisen, was in irgendeiner Beziehung zu denen stand, waren aus Berlin, sprachen auch wie von da. Das war unser Verhängnis. Der Strand von Zinnowitz war nicht Volkseigentum, er war von der Wismut - AG konfisziert worden, und jeder, der nicht dazu gehörte, hatte diesen Strand sofort zu verlassen. Da nützte es auch nichts, sich mit Adolf Hennecke, dem Erfinder des Aktivisten zu solidarisieren. Er war ein Hauer im Bergbau gewesen und hatte die Tagesnorm durch bessere Arbeitsorganisation um oder auf 378 % gesteigert. Selten hat das einer begriffen, vor allem seine Mithauer wohl nicht, aber so konnte ich im Lexikon nachlesen. Der Bergbau war bei uns zu Hause weit weg, hier holte er uns ein. Mit Sack und Pack vertrieb man uns von unserem teuren Strandkorb, man vertrieb uns ans äußerste Ende des Strandes, Freude kam auf und richtige Festtagsstimmung. Ich nahm wiederholt Abschied von der Idee, doch noch der sozialistischen Linie folgen zu können. Doch zu Hause hielten das alle für übertrieben, man glaubte mir nicht. Aber leider war es so. Zinnowitz – Ortsteil von Aue / im Erzgebirge.

Iß Fisch und du bleibst gesund...

„Fisch würde ich auch gerne mal wieder essen“ dachte ich und schon stand ein Mann mit Gummistiefeln und einer Bratpfanne vor unserem Campingwagen. „Prosime, pani.“ Und weg war er. Unrasiert und fern der Heimat saß er nächtelang am Poprad und versuchte ihn leerzufischen. Es war ein idyllischer Campingplatz, wie aus dem Bilderbuch. Ein Anglerparadies, und wir mittendrin zwischen all den ruhigen, erfolgreichen und gastfreundlichen Slowaken und Tschechen.

Überall am Ufer hingen Netze mit zappelnden Fischen, jeden Tag fuhr ein Angler in die Stadt und verkaufte sie an Restaurants und Touristen. Wir hatten keinen Restaurantbesuch nötig, wir bekamen den Fisch auf der Wiese serviert, in allen Formen, gedünstet, gebraten, gebacken, sogar geräuchert, mit und ohne Soße, mit brauner Butter, eingelegt oder ganz frisch. Aber selbst der größte Heißhunger ist mal gestillt, und nach einer Woche konnten wir keinen Fisch mehr sehen, geschweige denn essen. Die Angler waren außerdem wie eine Hydra, kaum war einer weg, kamen zwei neue. Unsere Lösung war nicht sehr edel, aber wir mußten die Fische loswerden, ohne jemanden zu verletzen. Wir nahmen sie beim Wandern mit und gaben sie dem Poprad wieder.

Eines Tages baute ein Dicker sein Zelt neben uns auf, ein freundlicher Mann. Eimer, Gummistiefel und Ruten wiesen ihn ebenfalls als Angehörigen der Anglerzunft aus. Mit Händen und Füßen und einer Landkarte erklärte er uns, er sei aus Bohumin, und er wäre die Vorhut seines Betriebes. „Kollega, sto Kollega, Autobusow, jutro.“ Und die Handbewegung sollte wohl bedeuten, nicht gleich morgen, auch nicht übermorgen, aber irgendwann kämen sie. Nun saß er Tag und Nacht am Poprad, steckte die geangelten Fische in die Netze und weihte meinen Mann in die Geheimnisse des Angelns ein.

Sie beschenkten sich gegenseitig mit Wacholderschnaps und Büchsenbier und lagen anschließend kampfunfähig in der Sonne. Am nächsten Tag angelte der Dicke wacker weiter und hatte bald sein Soll erreicht. Plötzlich nebelte er durch einen Badeofen die Wiese ein, es ging nun ans Räuchern. Wir trollten uns in die Himbeeren. Abends hatte sich der Campingplatz total verändert. Zwei Riesenomnibusse standen kreuz und quer auf der Wiese und mindestens hundert Personen stromerten um die Zelte und unseren Hänger. Zeltler waren das nicht. Das sah man an der Kleidung. Feingemacht und herausgeputzt mit bunter Schürze und Fransenkopftuch die Frauen, im schwarzen Anzug die Männer. Die Anzüge eine Nummer zu klein, von einer nicht zu bestimmenden Mode, richtige Bratenröcke wie im Kino, waren sie sicher Erbstücke und wurden nur zu bestimmten Anlässen getragen. Zwei Männer zogen unter Anteilnahme des gesamten Zeltplatzes die Hosen aus und balancierten einen 100-Liter-Waschkessel über die Steine in die Mitte des Flußes. Der war hier immerhin reichlich 100 Meter breit und ziemlich reißend. Den Kessel füllten sie mit Popradwasser und schleppten und zottelten ihn ans Ufer und auf die Wiese. Unsereiner dachte jetzt, nun werden sie ihn ordentlich schrubben, und warum haben sie das nicht im Wasser getan? Völlig falsch gedacht.

Ein Gestell hielt den Kessel fest, damit er nicht umkippte, und einige entfachten ein kräftiges Feuer. Die Männer schwärmten aus nach dem Feuerholz, und die Frauen schnitten Unmengen Fleischstücken, Zwiebeln, Kartoffeln und Paprika in den Waschkessel. Und sie rührten und rührten und rührten. Und damit die Sache nicht so langweilig war, naschten alle von dem geräucherten Popradfisch und setzten sich auf ihre Klappstühle um die Feuerstelle. Sie sangen sich warm, schöne slowakische Volkslieder mit unendlich vielen Strophen, nur unterbrochen durch das hörbare Öffnen von Flaschen, denn bekanntlich will der Fisch schwimmen.

Als es dunkel wurde, war die Suppe immer noch nicht fertig, die Frauen waren hochrot vom Rühren, die Männer hochrot vom Wein.

Ab und zu setzte der Gesang vom Chor aus, das war die Gelegenheit für die Solisten, ihr Können zu zeigen. Sie sprangen auf ihre Klappstühle und strengten sich mit dem Vibrato dermaßen an, daß sie umfielen und von den andern aus dem Weg geräumt werden mußten.

Als die Suppe gegen Mitternacht zum Essen freigegeben wurde, saßen die verschwitzen Frauen mit ihren Kochgeschirren zwischen sanft entschlummerten Sängern und aßen die Gulaschsuppe für sie mit.

Die Männer lagen verstreut auf der Campingwiese herum, stiegen um

10 Uhr vormittags in den Bus und erzählten noch bis Bohumin von dem herrlichen Abend.
Unser Angler verabredete sich bis zum nächsten August mit uns. Er würde dann wieder angeln. Ich aber machte ein Jahr lang einen großen Bogen um jeden Fischladen.

Der Lehrer: „Was bedeutet der Satz ‚Der Bauer liebt seine Scholle'?“
Uwe weiß es. „Das heißt, daß er gerne Fisch ißt!“

Springen oder nicht springen - das ist hier die Frage.

Endlich, endlich, endlich, wir hatten eine Seereise nach Dänemark ergattert. Im Gedser Hafen sei dann Ende, weiter ginge es nicht, aber man könnte vom Dampfer aus mal einen Blick in ein fremdes Land riskieren, noch dazu in ein kapitalistisches, das wäre doch schon was. So wurde ich von meinem Mann unterrichtet, der nach stundenlangem Warten diese Passage für unsere kleine Familie an Land gezogen hatte. Lieber wäre ich nach Schweden gefahren, diese Reise dauerte einen ganzen Tag, war aber ausverkauft. Die Schiffskarten versetzten mich in einen Taumel des Außergewöhnlichen, denn wir kannten niemanden, der schon mal in Dänemark war.

Frühmorgens gegen sieben Uhr legte der 500 Tonner ab. Windstärke zehn war gemeldet, das störte vorerst niemand von den Passagieren. Die Mannschaft wird das schon machen. Alle fühlten sich sicher wie in Abrahams Schoß.

Unser größter Besitz waren zwei kleine Jungen, sechs und acht Jahre alt, die anderen hatten materielle Werte aufzuweisen, Filmkameras in allen Größen, ebenso Ferngläser, Fotoapparate, denen man das viele Geld ansah, und alles in wertvollen Lederetuis und Taschen. An Bord gab es ein rechtes Gerangel um die besten Plätze, natürlich Fensterplätze. Jeder, der bei der Fahrt was zu knipsen hatte wollte auch genügend sehen. Keine Ellbogenfreiheit, also Mittelplatz.

Die Fahrt ging los. Nach dem Verlassen des Hafenbeckens lichteten sich die Reihen. In meiner Naivität dachte ich, die Leute wären auf der Jagd nach fotogenen Möwen schon fündig geworden, bis mein Magen meinen Gedanken eine andere Richtung gab. Mein Verantwortungsgefühl als Mutter übertrug ich vorsichtshalber auf den Vater und versuchte schweißgebadet über die Wendeltreppe nach oben an Deck zu kommen. Es ging nicht, ich konnte machen, was ich wollte, ich erwischte die Stufe nicht. Ich trat immer daneben, mit der Ahnung, daß mir gleich das Essen aus dem Gesicht fiel. Ein Matrose ergriff mich, warf mich über seine Schulter und stellte mich oben an die Reling. Das Frühstück kam prompt. Die übrigen Plätze waren alle schon belegt, ich war nicht mal die erste gewesen.

Kreidebleiche, grüne und gelbe, sich in ihr Schicksal Ergebene hingen wie aufgefädelt in den Seilen. Keiner hatte eine Kamera mit, auch keiner eine Strickjacke. Alle waren per Taille, denn unten war es warm gewesen. Nun war es auf offener See erbärmlich kalt, zu dieser frühen Stunde und bei dem Seegang. Diesen Gedanken mit der fehlenden Strickjacke konnte ich noch fassen, und ich haderte mit meinem mir angetrauten Mann, der sich laut kirchlicher Trauung gerade in Notzeiten um sein Weib kümmern sollte. „Da hockt der unten in der warmen Stube, könnte doch mal ein bißchen nach mir sehen. Ich frier mir hier was ab, aber wen stört das schon? Von dem Matrosen werde ich ihm unter die Nase reiben ...“ Der Versuch, die Treppe in umgekehrter Richtung zu nehmen, schlug ebenfalls fehl. Ein zweiter Matrose nahm sich mitfühlsam meiner an und mich kurzerhand auf den Arm und setzte mich unten ab. Der Anblick des Passagierraumes war ernüchternd, er war vollkommen leer, wenn man die Leichen, die zwischen den Bänken lagen, nicht mitrechnet. Der Raum machte den Eindruck einer Ausstellungshalle für Kinotechnik, sämtliche Apparate, teure ebenso wie billigere, lagen verwaist auf den Tischen der so begehrten Fensterplätze, manche hatten sich auch selbständig gemacht.
Die Schranktüren hatten sich geöffnet und den Inhalt in Form von Kaffeetassen und Kuchentellern um die in den Gängen Liegenden herumdrapiert. Von meiner Familie keine Spur. Instinktiv taumelte ich nach hinten, was die Seeleute Heck nennen, dort traf ich auf schwer arbeitende Seereisende, unter ihnen zwei kleine Jungen mit ihrem Vater. Meinen Mann erkannte ich an der Fürsorge, wie er mich sofort unter seine Fittiche nahm. Ich verzieh ihm alles, auch die fehlende Strickjacke. Er sah im Morgenlicht auch mehr grün als gelb aus, aber von uns allen ging es ihm noch am besten. Ich hoffte nur, der Kahn würde endlich untergehen, damit das Geschaukele aufhöre. Einer hatte tatsächlich Kraft, richtige Verhaltensweisen auf See zu proklamieren. Ich war dem Reisebüro noch nachträglich dankbar, daß die Reisen nach Schweden gestern Gott-sei-Dank ausgebucht waren. Die dauerten einen ganzen Tag, ich hielt die zwei Stunden Hinfahrt schon für eine Ewigkeit, und ich wollte nur bei einer bevorstehenden Verhaftung mich noch mal auf einen Dampfer begeben.

Gedser kam in Sicht. Die Massen nahmen wieder Konturen an. Sie formierten sich zu Menschen, räumten einige ganz aus dem Leben Geschiedene zwischen den Bänken hervor, sammelten ihr Eigentum ein, putzten an sich und denen herum, soweit sie mit ihnen verwandt oder verschwägert waren, und begaben sich an Deck, wo man wie auf einer Butterfahrt zollfrei einkaufen konnte. Gier, Freude, Bedürfnisse, die Möglichkeit ungeahnter Einkaufsquellen trieb alles unter Deck. Mir wurde bei dem Gedanken vollkommen schlecht. Ich brauchte nichts, vielleicht nie wieder. Ich hielt alle für furchtbar verfressen und primitiv, die in solcher Situation an die Füllung ihrer Eingeweide denken konnten. Bei der Vorstellung, noch einmal zwei Stunden den Naturgewalten ausgesetzt zu sein, wurde mir auch nicht besser. Ich dachte zum erstenmal über die Kirche nach, die einen Messias hervorgebracht hatte, der über das Wasser laufen konnte. Ich neidete ihm die Kunst.
In der Zwischenzeit inspizierte mein Holder oben an der frischen Luft die Absprungmöglichkeiten bei einer eventuellen Flucht, falls mal zu Hause alles dicht gemacht würde und keiner mehr raus könnte. Mein leiser Einwurf, wir hätten doch in Berlin für 20 Pfennige die S-Bahn, traf auf taube Ohren. Er gefiel sich in der Rolle des Kundschafters für ausgefallene Fluchtwege.
Auf der Rückreise war ich das Paradebeispiel für: Ausnahmen bestätigen die Regel. Allen ging es gut, nur mir nicht. Kaum betrat ich jedoch in Warnemünde das Festland, stürmte ich allen voran in die nächste Hafenkneipe, bestellte ein Stück Buttercremetorte und trank dazu ein kleines Helles, bis der Kaffee fertig war. Das Loch mußte wieder gefüllt werden. Auf die Frage, wie es denn an dem Tag den Schwedenreisenden gegangen wäre, erfuhren wir, Papa hätte für das viele Geld den ganzen Tag auf die rollende Mama und die rollenden Kinder aufgepaßt, damit sie nicht über Bord gespült würden.
Wir erfuhren von den Einheimischen auch noch, die Möwen wären in diesem Jahr besonders dick durch die laufenden zusätzlichen Fütterungen. Eine Woche später bauten sie in Berlin die Mauer. Aus war auch der Traum nach Dänemark.

Rundgang nur mit Korb

Gegen 9 Uhr trennten wir uns, und ich fuhr mit der Straßenbahn rein in das Innere von Magdeburg. Sieben Stunden hatte ich Zeit, um die Bezirksstadt ökonomisch zu erforschen. Da mußte einkaufsmäßig etwas zu holen sein. Das größte Warenangebot gab es in Berlin, der Hauptstadt der DDR, dann kamen die Bezirksstädte, was übrig blieb ging krümelnd in die Kleinstädte.

Haufenweise lag dort selbstgemachter Edeltrödel in den Kunstgewerbeläden herum. Eloxierte Laternen zum Fernsehen, Weingläser mit bunten Bildern, gedrechselte Kerzenhalter, bemalte Stullenbretter, mit Haken versehene Kochlöffel zum Anhängen von Topflappen, und Topflappen selber, als Mondgesicht, klassisch gehäkelt oder als Handschuh. Von einer Großstadt versprach sich jeder etwas Besonderes, märchenhaftc Angebote. So wie ich jetzt auch. Beutel und Taschen hatte ich genug mit, das Portemonnaie war auch nicht leer, der Verstand arbeitete auf Hochtouren: kein Trödel, kein Trödel, kein Trödel, und sei er auch noch so schön.

Der erste Beutel war schnell gefüllt: Zwei Päckchen Knäckebrot, eine Tüte Haferflocken, ein Glas Gurken, zwei Schachteln Fleischsalat, eine Packung Zwieback, ein Bund Radieschen, zwei Gläschen Meerrettich, ein halbes Pfund Knoblauch, ein Röhrchen Kapern und zweimal Pfefferkuchen.

Der geneigte Leser schüttelt wahrscheinlich den Kopf, wenn eine erfahrene Hausfrau und jahrzehntelange Einkäuferin sich frühmorgens in einer fremden Stadt mit derlei simplen Sachen die Taschen füllt und gewillt ist, diese auch noch stundenlang spazieren zu tragen. Diese Hausfrau hätte herzlich gerne auf den Transport dieser Lebensmittel verzichtet, mußte aber zeitgemäß mit großen Beuteln, einer gesunden Nase und festsitzender Kopfbedeckung zusehen, die häusliche Vorratshaltung ein bißchen aufzumöbeln. Nach so einer Tour hatte sie Arme, die bis an die Erde reichten, und ihr wäre nie die Idee gekommen, das in schicken Pumps zu machen. Wanderschuhe waren gefragt, sogenannte Rennsemmeln, Schuhe mit dem modischen Pfiff der Sanitätshäuser, und am Ende dieser Tournee wollte sie einen Blick in einen großstädtischen Schuhsalon werfen. So zur Erholung und der Neugier wegen.

Im Delikatladen wurden delikate Gelüste wach. In den zweiten Beutel kamen ein großes Stück Käse, eine Salami aus Döbeln, ein Kilo Wiener Würstchen, ein Glas Letscho und einige Bananen. Damit waren zwei Beutel gefüllt, und ich hätte lügen müssen, darüber Auskunft zu geben, was das Wichtigste sei. Nach Adam Riese waren die Arme ausgelastet. Im Kaufhaus entdeckte ich eine Fußbank, lange hatte ich danach gesucht. Nun standen sie in Magdeburg einfach so rum, für glatte 25 Mark, und nicht wie wir später lernten für nur 24,95 DM. Die 25 Mark bezahlte ich und bat die Verkäuferin, ein Stück Strippe so um die Bank zu schlingen, daß ich mir das Ding wie einen Rucksack umbinden konnte. Es gelang, wir lachten beide. Nun trabte ich los. Gott - sei - Dank kannte mich hier keiner, aber eigentlich wäre mir das zu Hause angesichts solcher Wertobjekte egal gewesen. In jeder Hand einen Beutel, um den Hals die Handtasche, auf dem Rücken die Hutsche. Und nun rein in den Schuhladen. „Rundgang nur mit Korb!“ stand wie eine Drohung am Eingang. Mein naives Gemüt sagte mir: die sehen doch, daß ich gar keine Hand zum Klauen frei habe. Und auch keine Tasche. Also latschte ich vollbehängt durch zwei Hallen, vollgestellt mit Schuhen, war endlich bei Größe 38 angelangt und stellte meine schwergewichtigen Beutel ab, um mir ein Paar bequeme Hausschuhe auszusuchen. In Gedanken fühle ich schon die sanfte beruhigende Ausstrahlung auf meine strapazierten Füße. Aber nur in Gedanken. Zum Anprobieren hatte ich keine Zeit. Zwei Verkäuferinnen standen neben mir und machten mich auf den fehlenden Korb aufmerksam. „Welchen Korb?“ „Na, Rundgang nur mit Korb.“ Außer mir bevölkerte niemand den Laden, mich beobachteten inzwischen fünf Verkäuferinnen und eine, die bis dahin an der Kasse gesessen hatte. Ich war gehandicapt durch zwei Beutel, voll bis zu den Henkeln, die Handtasche und die Fußbank. Einen Korb hätte ich eigentlich nur auf dem Kopf balancieren können, wie die Leute in Afrika, dazu fehlt mir die Übung. Ich, auch im Klauen ungeübt, hatte keine Ahnung, was so Professionelle für Dinger drauf haben, sie täuschten laut Aussagen der Verkäuferinnen alle solche Naivität wie ich vor und klauten wie die Raben. Ich weigerte mich aus technischen Gründen, den Rundgang nur mit Korb zu vollziehen.

Sie holten die Geschäftsführerin. Sieben Mann gestatteten nicht die Anprobe eines einzigen Paares von Hausschuhen. Fünf Verkäuferinnen, die Kassiererin und die Geschäftsführerin gegen eine einzige Kundin, die mit Sack und Pack beladen war. „Wenn das alle machten! Wir haben unsere Vorschriften.“ Ihre siebenfache Drohgebärden entlockten mir ziemlich ungewöhnliche Antworten. „Wissen Sie, Sie können mir mit ihrem Korb den Buckel runterrutschen, aber bitte ganz langsam!“ Ich verkniff mir die Latschen und fuhr trotzdem befriedigt zum verabredeten Treffpunkt. Wir waren nie wieder in Magdeburg. Heute fragen die da sicher: „Kann ich ihnen behilflich sein?“ Jetzt will ich nicht mehr, habe auch meinen Stolz.

Und weiche keinen Finger breit von Gottes Wegen ab

„Haben Sie keine Büstenhalter mitgebracht? Nicht einen? Für unsere Frauen gibt es hier nichts. Keine Strumpfhalter, keine Strümpfe, keine Büstenhalter! Das ist jammerschade. Wirklich. Aber sie kommen sicher wieder und bringen alles von ihren Frauen mit. Ich kaufe ihnen dann alles ab."

So lamentierte die Empfangsdame vom Hotel IDUNA und staunte fassungslos die Männerriege an, die in dem uralten polnischen Kasten für einige Tage zwei Vierbettzimmer belegt hatte, um die Erinnerung an ihre Schulzeit aufzufrischen.

Nach der Wiedersehensfreude bekam Brigitte den Auftrag, ihre Wäsche zu inspizieren und eine Inventur vorzunehmen. Sie hatte eine Menge Strumpfhaltergürtel und Büstenhalter, alle waren im Schrank eingelaufen, jedenfalls paßten sie nicht mehr. Schwarze Stofffarbe verwandelte diese Dinger und verlieh ihnen den Charme von Reizwäsche. Ein großer Schuhkarton wurde unter Brigittes Autositz geschoben, und die reizvollen schwarzen Teile heizten ihr, je näher sie der Grenze kamen, immer mehr ein. Was sollte sie bloß den Grenzern sagen, wenn die den Karton fanden und darin herumwühlten? Aber bei der brütenden Mittagshitze rissen sich die Zöllner kein Bein aus, und die interessanten Tauschobjekte nahmen den Weg in die polnischen Beskiden, in eine vom Tourismus noch unbeleckte Gegend.

Und nun standen sie auf dem großen Parkplatz vor Iduna, ein einsames Auto, und Brigittes Augen streiften den so wenig einladenden Kasten. Wer da wohl drin wohnte! Frau Solowski, die Empfangsdame, machte der Familie ein lukratives Angebot für ihren Urlaub. Leute mit so einem feinen Auto gehörten nicht in solch schäbiges Hotel, für den halben Preis könnten sie bei dem Hoteldirektor wohnen, oben auf dem Berg, in einer feinen Villa.

Dort, in einem großen Zimmer, mußten Entscheidungen von ziemlicher Tragweite getroffen werden. Wer schlief wo. Zwei größere Kinderbetten, eine Bettcouch und ein Chaiselongue standen zur Verfügung. Die Verteilung begann durch Probeliegen. Brigitte, als der kürzesten, stand die kürzeste Liegestatt zu. Das war das Chaiselongue. Nach der ersten

Nacht besorgte sie sich ein paar Enden Strippe und verlängerte mit einem Stuhl ihre Liege. Es ging zur Not. Freundliches Wetter entschädigte sie, und die Not dauerte fast drei Wochen. Opa Hadacek sprach perfekt deutsch, er hatte so seine persönlichen Erfahrungen mit der multikulturellen Landschaft in Europa. Je nachdem wie die Grenze verlief, war er mal Tscheche, mal Pole, mal Österreicher... wurde von jeder Seite zum Militär gezogen und von der Gegenseite gefangengenommen. Immer hin und her. Er zeigte Müllers wo die Pilze stehen, sammelte mit ihnen Blaubeeren und weihte sie in die Schleichwege zum illegalen Grenzübertritt ein. Dann wurde Bobek, sein Enkel, ein Jahr, und Müllers erlebten eine echte polnische Familienfeier. Auf dem ausgezogenen Eßzimmertisch stand alles was sich essen und trinken ließ, und die nahezu zwanzig Personen aßen und tranken alles durcheinander, daß Brigitte beim bloßen Hinsehen übel wurde. Roter Likör zu Torte, Bier zu Pfannkuchen, Gurken und Kompott, eingelegter Hering und Kaffee. Und immer wieder Nasdrowje. Bobek bekam von Müllers eine gute Wolldecke, die sie eigentlich gegen Bares hatten eintauschen wollen. Auf diese Weise brachte sich der Schuhkarton mit den Büstenhaltern in Erinnerung. Und die gute Frau Solowski tauschte und zahlte mit reichlich Münze und dem Dank und dem Lustgestöhn glücklicher Talbewohnerinnen.
Die Slotis drückten, sie wollten ausgegeben werden. Müllers trieb es aus dem Tal, hin zur Kreisstadt. Bei SKLO-PORZELLAN standen im Schaufenster Vasen, Schalen und Körbchen aus Kristall in allen Größen. Uns so zieren heute Brigittes Büstenhalter und Strumpfhaltergürtel in Form von Bleikristallvasen und Bleikristallschalen die Wohnung. Das sind Erinnerungen von bleibendem Wert, besser als jede Ansichtskarte.

Annabella Schönemann berichtet dem Goldenen Blatt:

Das Wasser in dem blaugehämmerten Emailletopf kochte. Entschlossen griff Elfie (59) zur Schere. Verhalten öffnete sie die Tüte einer Beutelsuppe von Knoggi und schüttete den Inhalt ins Wasser. Ein Hauch von Exotik erfüllte die kleine Küche. Fremdartig duftete es nach Ingwer, Kardamom, Laos und Kreuzkümmel. Werner R. (59), selbständiger Zahntechnikermeister, rührte ergriffen in der Suppe. Sojakeimlinge, Pilze und Glasnudeln lösten sich vom Grunde des Topfes. Das war sie nun, die Suppe, die chinesische Gemüsesuppe, unverbindliche Preisempfehlung 1,58 DM. Für 1,29 DM im Supermarkt gekauft. 29 Pfennige hatten sie gespart. Wo waren die bloß geblieben? Werner und Elfie schlossen die Augen. Erinnerungen wurden wach. Erinnerungen an zwei Wochen in einem Deutschland, jenem Land, da man jeden Tag Knoggis chinesische Gemüsesuppe auf einem Großmarkt kaufen konnte. Und mit ein bißchen Glück 29 Pfennige sparte. Sie dachten an das kleine chinesische Restaurant. Ping-Pong hatten sie gegessen und Nan-King, mit dem Cousin. Ein Schauer lief ihnen den Rücken hinunter bei dem Gedanken, diese würzigen Speisen bisher nicht gekannt zu haben. Sie wußten diese meisterlich zubereiteten Gerichte nun zu schätzen. Nun konnten sie mitreden. Auch wußten sie nun, was Gyros ist. Noch nie in ihrem Leben waren ihre Zungen mit der Kochkunst der Griechen in Berührung gekommen. So dachten sie anfangs bei Gyros an ihr Girokonto mit einigen läppischen Ostmark. Aber sie wurden eines besseren belehrt. Gyros - die feine Lebensart - für Feinschmecker. Dazu einen feurigen griechischen Wein. Tante Franziska hatte die Spendierhosen an und das Portemonnaie gezückt, sie feierte ihren 92. Geburtstag. So geschehen in Bünde, einer kleinen verträumten Zigarrenstadt in Westfalen, mit einer für die Ostzonenbevölkerung phantastischen Einkaufsmöglichkeit. Doch so verträumt ist Bünde nun auch wieder nicht. Es beherbergt in seinen Gemäuern den Alliierten Kontrollrat ... die cleveren Amerikaner, die fickrigen Franzosen, die geschäftstüchtigen Engländer und die mißtrauischen, allseits wachen Russen. Sie wohnen alle dicht beieinander und beäugen sich feindselig. 1945 wurde das so beschlossen, in Potsdam, und nun ist Bünde der Nabel der Welt für sie.

Sie wissen eigentlich nicht, was sie da sollen, und auch die Einheimischen konnten es Werner und Elfie nicht sagen.
Andächtig rührte Werner (59) noch immer in der Gemüsesuppe. Bloß nicht anbrennen lassen. Die Köstlichkeiten mit Erinnerungen an fernöstliches Flair in Westfalen.
Das Pfeifen und Zischen vom nahegelegenen Bahnhof riß sie hart in die Gegenwart zurück. Aus der Traum von China und Griechenland. All ihr Geld hatten sie ausgegeben für eine Fahrt nach Karlsruhe. Immer am Rheinufer entlang. Verstohlen wischte sich Elfie (59) einige Tränen aus den blauen Augen und dem glühenden Gesicht. Tränen der Rührung ob dieser herrlichen Landschaft und des Gefühls des gemeinsamen Erlebens hatte sie übermannt. Zu Karlsruhe war alles ganz anders. Hier lebte man auf großem Fuß, hoch oben über der Stadt thronte das herrliche Domizil der Schulfreunde, ein gigantischer Anblick des Abends, wenn die untenliegende Stadt erleuchtet war. Jeder hatte sein eigenes Zimmer mit WC und Dusche. Zum erstenmal in ihrem langen Eheleben (36 ½) schliefen sie in getrennten Schlafzimmern, und gerade jetzt hätten sie sich abends so viel zu sagen gehabt. Ihr Seelenleben kam etwas durcheinander. Doch das morgendliche Schwimmen im mosaikgefertigten Bad in der untersten Etage machte ihre Gedanken klar und weiterhin aufnahmefähig für Überraschungen. Beklommen genossen sie die dekorativen Torten der teuersten Konditorei. Sündhaftes Konfekt, handgeschöpft wie Bütten, 100 Gramm zu 6 DM, lutschten sie in größeren Mengen. In ihnen erklang Sphärenmusik. Ihre geheime Vorliebe für Lakritze und Veilchenpastillen, für Erdnüsse und Bananen, Ananas und Champignons behielten sie augenblicklich lieber für sich. Es erschien ihnen nicht angemessen, diese dem Wohlstand verfallenen Räume mit derlei profanen Gelüsten zu entweihen. Beide waren und blieben Aldi-Gourmets. Was hätte man für all das schöne Geld dort aus den aufgerissenen Kartons herausnehmen können. Drei Käsesorten kannten sie schon von ihrem heimischen Konsum. Und ein heimlicher Abstecher in diesen Superladen von Aldi hatte ihnen die herrliche Beutelsuppe beschert. Bei etwas niedrigeren Preisen der Deutschen Bundesbahn hätten sie sich möglicherweise für eine vierte Käses-

orte entschieden. Das alles von dem Käseregal und den vielen Konserven wollten sie bei der nächsten Wahlversammlung endlich einmal zur Sprache bringen und denen zeigen, wo es langging. Perestoika und Glasnost im heimatlichen Konsum. Jawohl, jeder Stadt einen Aldi-Laden oder wenigstens eine kleine Pluskette für die armen Leute.
Mit solch verwegenen Gedanken ließen sie sich mit dem Inter-City von Karlsruhe nach Frankfurt/Main bringen. Dort trotteten sie immer den mit Koffern, Kisten und Woolworth-Tüten beladenen Leuten hinterher, die ein unerbittliches Schicksal wieder in die Heimat rief, um dort für eine weitaus wichtigere Rolle als Käse zu probieren, einzutreten. Nämlich die, die Pläne zu erfüllen. Wenigstens sollten die „oben“ ihren Aldi-Laden mit den gehobenen Waren des täglichen Bedarfs gefüllt und zum Aussuchen haben. Nur die wissen schließlich, was richtig und was falsch ist. Nur die können denen unten einen Fingerzeig geben.
Der Wasserkessel pfiff sie von ihrem ketzerischen Gedankengang zurück. Noch einmal saßen sie beide des nachts 2 ½ Stunden auf dem Leipziger Hauptbahnhof und warteten auf ihren Anschlußzug nach Berlin. Vertrauter Duft aus der Mitropa hielt sie wach. Kaffeeduft, der es mit jeder Apotheke aufnehmen konnte, und dazu lauwarme Bockwurst auf einem Stück Pappe. Das war doch was! Nun wußten sie, sie waren wieder zu Hause, endgültig in ihrem Land. Der Duft stimmte sie vollends auf ihren kleinen Konsum an der Ecke ein.

Annabella Schönemann- Riemschneider befragte im Auftrag vom GOLDENEN BLATT Reisende aus der DDR, die zu besonderen Anlässen eine Reisegenehmigung in die BRD erhielten.

Wenn ich einmal reich wär - dideldadeldideldum

Da saß ich in der Münze der DDR auf dem Korridor und wartete auf ein paar Gramm Edelmetall für das Brennen unserer Jacketkronen. Ein entsetzlich langer Gang, unterteilt für Leute, die etwas verhökern - versilbern - wollten und solche wie ich, die ihre Zuteilung empfingen, um arbeiten zu können. Lange dauerte das, bis man dran war, aber es herrschte eine hochinteressante Atmosphäre, speziell bei den Verhökernden. In den 60er und 70er Jahren fanden die Transaktionen noch in einem gemeinsamen Raum statt, was hatte ich da alles erlebt, heute konnte man nur erahnen, was die alle so in ihren Taschen und Koffern angeschleppt brachten. So viel Erbtanten mit Silberkannen und Silberbestecken gab es doch gar nicht. Aber die Aufkäuferinnen bestätigten, meine Vermutung sei falsch, die hätten alle solche Verwandten. Die meisten rochen schon morgens nach Bier und den dazu gehörenden Kümmeln.

Und manch ein schöner Ring wurde mit der Zange zerstört, denn auf den Stein wurde keine Rücksicht genommen. „Der Stein geht aber kaputt!“ „Det macht nischt, Hauptsache ich krieg det Jeld for det Jold.“ Nach dieser Demonstration des zurückgewiesenen Reichtums - es trifft immer die Falschen - bummelte ich durch die Leipziger Straße, um wie immer die Taschen und Beutel mit den Angeboten der Hauptstadt zu füllen. Dabei hatte ich strengste Anweisung, mich nirgends wegen einer Bluse oder eines Pullovers auszuziehen, denn um den Hals hing der wertvolle Beutel mit dem Platin, einer Folie, nach der sich keiner gebückt hätte, denn sie sah aus wie ein Schokoladenpapier. Aber für mich war sie kein Pappenstiel, sie hatte einen Wert von ca. 4000 Mark, da verkniff ich mir schon den modischen Firlefanz.

Ab und zu griff ich mir an die Brust ob er noch da war, der Beutel. Ein Alptraum - er wäre plötzlich weg gewesen. Wie wollte man das den Behörden beweisen. Im Portemonnaie trug ich diesmal 20 Westmark mit mir herum, für die wollten wir schon mal auf der Autobahn Luxusartikel kaufen, aber wir konnten uns nicht als Westbürger ausweisen, und so lebten die 20 Mark noch immer. Diesmal sollten sie aber dran glauben. Ich brauchte eine Gardinenstange mit Ringen für ein Küchenfenster. Am S-Bahnhof Friedrichstraße gehörte zum ganzen Komplex METROPOL ein Intershop für DDR-Bürger, ganz oben unterm Dach, zu erreichen über einen klitzekleinen Fahrstuhl und über einen angsteinjagenden Aufgang, steil, schmal, dreckig und duster, richtig geeignet für Leute, die mal zufällig 20 Westmark ausgeben wollten. Die Verkäuferinnen konnten mir sicher ins Portemonnaie gucken, sie taten sehr borniert, als gehöre ihnen der ganze Laden. Meine Güte, so etliche Wünsche wurden bei mir auch wach, ich hätte außer der Gardinenstange noch so allerlei gebrauchen können. Wirtschaftsartikel und Reinigungsmittel übten auf eine gelernte DDR-Hausfrau einen ungewöhnlichen Reiz aus. Schließlich bekannte ich mich zu der Stange. Ich schulterte sie, versuchte nicht dauernd damit den Hut zu verschieben, weil ein Beutel mit Zwieback und Knäckebrot auch noch transportiert werden wollte. Und damit in den schrecklichen dusteren Abstieg, der Fahrstuhl war außer Betrieb.

Eine Eisentür ging auf, ich trat ins Freie, meine Augen wurden nun entschädigt. Was für ein Anblick! Wie im Kino. Drehten die etwa einen Film? Unter dem Baldachin des METROPOL lag jetzt ein roter, breiter Teppich, eine Luxuslimousine mit Düsseldorfer Nummer hielt davor. Ein Mann in Livree riß den Schlag auf, ein Fettklops stieg aus, wenig Haare, kurze Beine – mein Gott, was hatte ich zu Hause für ein Schmuckstück, dafür fehlte uns aber die Limousine, der Mensch muß verzichten können, er kann nicht alles haben – und dann öffneten sie die Tür auf der anderen Seite – mir blieb die Spucke weg. Ein Pumps kam zum Vorschein, das war haargenau einer von denen, die ich bei meiner letzten Westreise zu dringenden Familienangelegenheiten auf der KÖ in Düsseldorf verwerfen mußte. 485 Mark das Paar, ich redete mir damals ein, ich könnte die sowieso nicht anziehen, gehabt hätte ich sie aber doch gern, aber ich traute mich auch nicht in den Laden. Und solche Dinger hatte diese Dame an. Das war eine Dame, da kam ich mit meiner Gardinenstange nicht mit und mit dem verschobenen Hut auch nicht, der wurden auch sicher der Käse und das Brot nach Hause gebracht. Bloß mein Mann war besser. Diese Dame trug auch ein umwerfendes Kleid, passend dazu war auch die Handtasche und die Haare waren frisch frisiert. Wie war die an den Fettklops gekommen, das war die große Liebe - sagt sie - ob sie den auch ohne dieses Auto genommen hätte? Was für Gedanken einem da so durch den Kopf schießen. Ich war so vertieft in meine Betrachtungen, daß ich den Leuten fast die Vorfahrt auf dem Teppich genommen hätte, aber der Livrierte paßte auf wie ein Schießhund und wedelte mich beiseite. Unvorstellbar, wie Leute mit Geld, harter Währung, in unserem Arbeiter- und Bauernstaat hofiert wurden. Das tat schon richtig weh. Wer war ich schon, holte mir die einfachsten Dinge aus der Hauptstadt, dachte Wunder, was ich besaß, sollte mir nach Möglichkeit das Gesülze vom Schwarzen Kanal anhören und auch daran glauben, und hier kitzelte man den kapitalistischen Herrschaften den Bauch. Lauter Lügen - hat dein Mund mir erzählt - sang ich still vor mich hin - das war mir ein Vergnügen - oder war es keins ...

Der Herr wird's geben - Der Herr wird's nehmen

Je mehr wir uns der deutsch – deutschen Grenze näherten, um so mulmiger wurde mir. Schweres Gepäck hatte ich immer, alles was billig war hatte Gewicht. Und gerade das Billige war für einen Ost - West - Reisenden interessant und wurde zu Hause sehnsüchtig erwartet. Schokolade, Ananas und Champignons in Büchsen, Kaffee und Strumpfhosen. Das war so schwer, daß man viele Reisende mit ausgerissenen Kofferhenkeln sah. Außer diesem Standard führte ich diesmal eine leicht zu transportierende Ware mit, nicht ganz ungefährlich. Von Düsseldorf bis Helmstedt grübelte ich und konnte an nichts anderes denken: trage ich das Geld in die Zollerklärung ein oder verschweige ich es!? Nun, hier in Helmstedt mußte ich mich entscheiden. Die nächste Station war Marienborn. Dort fing das große Suchen an. Die Rentner beneidete ich, die auf der kurzen Strecke ihre Talerchen zählten und sie auch offenbarten. „Ob die was sagen, wenn ich noch 20 Mark habe? Die könnten sie mir doch nicht wegnehmen!" „Ich habe noch 7,45 Mark." Und einer schrieb 11,85 DM in seine Zollinhaltserklärung. Diese Sorgen hätte ich im Moment gerne gehabt. Mich drückten 1500 DM. Todesmutig entschloß ich mich 1000 DM einzutragen, 500 Mark brannten auf meinem Bauch unter dem Strumpfhaltergürtel wie ein Feuermal. Die Angst versetzte mich in eine Art Hypnose, sie zwang mich zu essen. Ich verschlang meinen sämtlichen Reiseproviant, trank die Thermoskanne mit Kaffee aus und qualmte wie ein Schornstein, eine aus - eine an, eine aus - eine an und noch'ne Stulle, und noch'n Pott Kaffee. Und dann kamen sie wegen der Pässe - und dann vom Zoll. Was ging mir da alles im Kopf rum! Mein Vater hatte zur Goldenen Hochzeit die Spendierhosen an und mir und meinen Söhnen je 500 Mark geschenkt. Meine 500 Mark brandmarkten meinen Bauch, die anderen 1000 Mark trug ich im Portemonnaie. Sollten sie mir die wegnehmen wegen Devisenvergehens, so konnte ich irgendwo dagegen klagen, jedenfalls konnten sie mich, da ich sie angegeben hatte, nicht einsperren, was ja immerhin möglich sein konnte. In diesem Fall würden sie wahrscheinlich keine Leibesvisitation vornehmen und wenigstens die 500 Mark wären gerettet. Von meinem hohen Blutdruck wußte ich damals noch nichts. Aber niedrig war der zur Zeit bestimmt nicht. Die Geschichte ging los. Sie zeigten 20 Mark und 11,85 DM und 7,45 DM. Die Glücklichen, eine überschaubare Summe. Das „Zollorgan“ las in meiner Zollerklärung 1000 Mark. „Bitte verlassen Sie das Abteil und treten Sie auf den Gang!“ Mir schwammen alle Felle weg und auch die 1000 DM. Nun sprach mich das weibliche Organ mit vollem Namen an: „Frau R., sie führen 1000 DM mit sich?!“ „Ja,“ hauchte ich. Die 500 Mark brannten fast ein Loch auf meinen Bauch. „Kann ich die mal sehen?“ Ich öffnete mein Portemonnaie. Da lagen sie – 10 mal 100 Markscheine, welch ein Vermögen! Was sollte ich denen zu Hause sagen, wenn die flöten gingen. Sie wußten zwar nichts davon, aber sicher hätten sie dafür sofort eine Verwendung. Und sic zählte: 1, 2, 3, 4, 5, 6, 7, 8, 9, 10 und blätterte noch weiter in dem Portemonnaie herum. Allerdings verkniff sie sich, auf die nicht eingetragenen 2,50 DM Im Münzenfach einzugehen. Was für eine Lappalie! „Haben Sie sonst noch was?“ „Na, ja, das Übliche - Schokolade, Büchsen etc.“ „Ist gut.“ Sie gab mir das Portemonnaie zurück und bat die anderen Reisenden, wieder Platz zu nehmen und visitierte das andere nächste Abteil. Nach einer Zeit des abklingenden Blutdrucks ritt mich aber doch der Teufel. Ich ging hinaus auf den Gang, wartete die Zöllnerin ab und fragte sie: „Sagen Sie bitte, man munkelt so viel, aber was genaues weiß keiner, darf man denn Westmark einführen oder ist das verboten? Ist das eine Kannbestimmung oder eine Sympathie zwischen ihnen und mir?“ „Ja, Frau R., Sie dürfen DM in jeder Höhe mitbringen, aber sie müssen sie angeben. Und wehe, wir finden eine Mark darüber!“ Da hatte ich fast ein Loch im Bauch.

Zu Hause fragte mich mein Mann, als ich mich auszog: „Was hast Du bloß für Wäsche an?“ Sie war kakaobraun. Ich hatte mir eine braune Bluse gekauft. Sie hatte gefärbt bis auf die Haut. Das Hemd war braun, der BH war braun, der Schlüpfer war braun und am ganzen Körper sah ich aus wie ein Neger. Warum wohl?

Poseritz - Wir kommen!!!

In die äußerste Ecke mußten wir, der Vakuumbrennofen war kaputt, mußte dort repariert werden. Schicken mit der Bahn ging nicht - per Auto in brütender Sommerhitze im Gefolge der vielen Ostseesüchtigen zog es uns nach Poseritz auf Rügen. Kennen Sie Poseritz? Wir hatten bis auf diese Brennofengeschichte auch noch nichts davon gehört. Ich sollte nur einige Selters mitnehmen, keine Frühstückspakete, kein Picknick - „schließlich haben wir noch ein paar Tage Urlaub, da machen wir und einen schönen Lenz!" so wurde ich angewiesen. Den einzigen Intershop betrachteten wir als Know - how der Autobahn. Die Zigaretten waren alle, wir hatten zwanzig Westmark in der Tasche, und beides gegeneinander getauscht sollte uns den Tag zusätzlich verschönen. Der Tausch fiel aus durch den falschen Ausweis. Beim Anblick des Ausweises, der uns die Zugehörigkeit und die Verbundenheit zur Arbeiterklasse der DDR bescheinigte, versperrte man uns den Eingang in diesen herrlichen Konsumtempel, von dem die übrige Masse für uns auch nicht uninteressant gewesen wäre.
Der zigarettenlose Teil der Fahrt begann mit der lakonischen Feststellung: wir wollten uns das sowieso abgewöhnen. Aber das Herz blutete und die Lunge schrie: Nikotin und die Zunge sprach aus, wie Herz und Lunge das im Gehirn verarbeitete: Scheiß DDR. Es wurde eine beeindruckende Fahrt, angefeuert durch unendliche Kolonnen von Langholzfahrzeugen, sogenannten Nutzfahrzeugen, auf der Strecke Rostock – Stralsund. Nur die nicht zu beantwortende Frage: Wo haben die hier oben die vielen Bäume abgesägt, verdrängten die bohrenden Fragen nach dem schon lange fehlenden Lungenfrühstück. Über Stunden zog sich das hin, alles was Räder hatte, war unterwegs. Es rollte im Schritttempo vor uns und kam uns genauso entgegen, bei 30 Grad und mehr, ab und zu unterbrochen durch das Öffnen einer Selterflasche und dem Gluckern in unseren Kehlen. Nun näherten wir uns der letzten Flasche, unserem einzigen Proviant, er wurde eingeteilt, kalorienmäßig sehr zu empfehlen, aber durchaus keine Nervennahrung. Es fanden sich noch zwei eingetrocknete Bonbon und ein Kaugummi für mich.
In Poseritz tobte das wirkliche Leben, kein Mensch war da, der Be-

trieb machte Urlaub, aber man konnte den Vakuumofen abgeben und in den Konsum stürmen. Das konnte man eben nicht. Über Mittag geschlossen - verkündete ein Schild.
Mit ungebremster Hoffnung drifteten wir nach Stralsund, dem vermeintlichen Born der Fülle für Leib, Lunge und ein bißchen Abkühlung. Aber die Augen entdeckten vor jedem Restaurant große Anhäufungen hungriger Touristen, die schon seit dem vorletzten Sommer auf Einlaß warteten. Mit unverbrüchlicher Nase führte uns das Schicksal auf einen Platz mit niedlichen kleinen Holzbuden, umsäumt von überdachten Holztischen und ebensolchen Bänken. Aber das Schild AUSVERKAUFT erklärte die völlige Leere auf den Bänken und Tischen. Keine Bockwurst, kein Kartoffelsalat, kein Broiler und was den Gaumen sonst noch so auf die Schnelle erfreut und beruhigt hätte. Der Bäckerladen bot nur noch geriebene Semmel an, und im Fleischerladen gab es lose Wurst zum Warmmachen, dazu brauchte man einen Topf, den hatten wir zu Hause, hier auf dem Marktplatz fehlte der.
Und nirgends eine Schachtel Zigaretten, keine *Club*, keine *F6*, keine teure *Duett,* keine billige *Karo*. Von Sorge erfaßt betrachtete ich meinen Mann, ob der nach dem Streß der Versorgungslosigkeit dem wieder auf uns zukommenden Langfahrzeugen in umgekehrter Richtung gewachsen wäre.
Die Selter war schon lange alle, ein Zeiger auf dem Armaturenbrett zeigte an, es wäre günstig, eine Tankstelle aufzusuchen. Mit entsetzlichen Gedanken näherten wir uns einer, keiner sprach aus, was er dachte. Ich schickte ein stilles Gebet nach oben, der liebe Gott erhörte es, er verließ uns nicht, sie hatten an der Tankstelle tatsächlich Benzin. Mein Lied mit etlichen Strophen über diese herrliche Gegend mit den phänomenalen Versorgungslücken beeindruckte die Frau an der Benzinspritze dermaßen, das sie mir zwei Stück Juwel ohne Filter schenkte, das sei im Preis der Tankstelle mit drin. So muß es Adam und Eva damals im Paradies mit der Schlange gegangen sein, und mit dem Apfel, meine ich. Und was soll ich noch lange erzählen!? Plötzlich verfolgte uns das Glück. Da las ich beim langsamen Vorwärtskommen: Fernfahrergaststätte. Drinnen das reinste Schlaraffenland, die Spei-

cheldrüse wurden sofort tätig, die Spucke signalisierte, angeregt durch den Vorder-Zwischen und Hinterlappen, der sogenannten Hypophyse, Hier gibt's was zu Essen! - Rouladen mit Rotkohl - Wiener Schnitzel mit Mischgemüse - Bockwurst mit Kartoffelsalat - Hackbraten mit Sauerkraut - Bulette mit Sättigungsbeilage. Alles, was unserem Gaumen schon DDR weit bekannt war - hier in reichlicher Fülle, zwar nicht von Meißener Porzellan, nicht mit silbernem Besteck, die Decke war bekleckert und aus Plaste, das Geschirr stand rum, aber endlich füllte sich der Magen. Es gab Faßbrause in rot und in grün und jede Menge Zigaretten.
Und nach vier Wochen brachten uns die Poseritzer unseren Ofen mit ihrem Auto zu uns. Das war uns einen selbstgebackenen Apfelkuchen und eine Kaffeekanne mit MONA – die gute Bohne – 100 Gramm zu 10 Mark – wert. Wissen Sie's noch?

Die Sektreise

Die Abteile waren gerammelt voll, auch erster Klasse. In einem fand ich noch ein Plätzchen, es war wirklich nur ein Plätzchen, selbst die Luft war knapp. Die Gepäcknetze waren so vollgestopft, daß sich die Kisten über den Gang hinweg fast berührten. „Meine Güte, zieht hier einer um?“ „Nicht um, aus, wir wandern aus!“ erfuhr ich. Die Auswandererfamilie bestand aus Vater, Mutter, Kind. Im Abteil saßen noch zwei Personen, der eine davon so unauffällig wie einer von der Geheimpolizei ... Horch-und-Guck ... War der nun wirklich einer? Man riß lieber nicht so sehr seinen Mund auf und behielt seine Lebensphilosophie bis hinter der Grenze für sich.

Vater und Mutter bestimmten das Thema der Unterhaltung: Die Ausreise! Mut hatten sie reichlich, sie zogen so richtig vom Leder, es juckte einem die Zunge, zu fragen und auch eventuell einiges beizusteuern. Zuhören war aber nicht strafbar, und sicher hatten sie ihre Weisheiten schon lange Zeit zu Protokoll gegeben, für die Stasi war das nicht neu. In ihrer Euphorie, das gelobte Land verlassen zu dürfen, machten sie auch die Dinge schlecht, die mir bis jetzt in der DDR gefallen hatten. Schließlich fragte ich mich insgeheim, warum ausgerechnet ich und meine ganze Familie zu Hause bleiben sollten und am Ende das Licht ausmachten. So ein Auswanderbazillus steckte an. Während ich jetzt bei meiner Reise die wichtigen Videa-Bohrer suchte, nach Deckenplatten Ausschau hielt, die ich eventuell beim nächsten Besuch mitbringen könnte, einen Gipsnapf für das Labor besorgte, damit wir arbeiten konnten und etliche Kleinstkleinigkeiten in die Woolworthtüten packte, bauten die schon an ihrer zukünftigen Existenz. Zahnärzte, was sollte da schon schiefgehen, noch dazu, wo wohlwollende Verwandte den Weg mit Rosen bestreuten.

Warum wanderten die gerade aus, fragte ich mich. Das war die Kaste, die bei uns das Leben bestimmten, die regelmäßig in den Harz oder nach Oberwiesenthal fuhren und im Sommer in der Ostsee badeten. Wenn die erzählten, daß sie hier nicht leben könnten, dann möchte ich nicht die vielen anderen hören, die ohne jede Privilegien auskommen mußten.

So ganz fehlte mir die Logik, ich versuchte sachlich zu denken. Immer mit dem Gedanken, meine Familie wäre jetzt dabei und wir führen über die Grenze. Was täte ich dann? Der Staat DDR wußte schon, warum sie immer nur einen aus der Sippe fahren ließen. Aber das Bleiben ist eine nationale Aufgabe, denn auch hier ist ein Stück Deutschland.
Meine Gedanken gingen plötzlich in eine ganz andere Richtung. Heute werden sie mich nicht am Wickel haben, heute sind diese Auswanderer dran, mit der Kontrolle. Meine Bratwurst und der Schinken werden die Zöllner nicht interessieren. So hat alles sein Gutes und seinen tieferen Sinn.
Der Mann von Horch und Guck stieg in Marienborn aus, Herrn X und mich ließ man links liegen, aufregend waren die Dokumente der Ausreisenden. Es stimmte alles, wer setzt sich bei solch einem Staatsakt zusätzlich eine Laus in den Pelz. Aber sie hatten zu viel Ostgeld. Es handelte sich um 100 Mark der Deutschen Notenbank. Nach der Kontrolle wurden die hermetisch abgeschlossenen Waggons geöffnet und sie tauschten die beanstandeten Geldscheine in vier Sektflaschen... Krimskaja Champanskaja... und eine Flasche Kognak ein. Sektgläser hatte keiner dabei, die Becher unserer Thermoskannen erfüllten den selben Zweck. Schon in Bielefeld sahen wir die Welt aus einem ganz anderen Blickwinkel, leicht, locker und unbeschwert. Wie auf Wolke sieben.

Ob die uns mitnehmen??

Um das rauszukriegen, steuerten Anita und Günter mit letzter Kraft und letztem Geld nach Potsdam. Der verantwortliche Reiseleiter von "Jugendtourist" sollte darüber Auskunft geben. Mit 35 Jahren gehörten sie beide statistisch schon mehr zu den Rentnern als zu den Jugendlichen, für die diese preiswerten Reisen gedacht waren. Also brav sollten sie beide sein, und ja kein Schwarzgeld schmuggeln. Für Essen und Trinken wäre gesorgt, Betten wären auch da, und bei solch einer Weinreise gäbe es manchen guten Tropfen zu kosten, noch dazu bei einer Grillparty auf einem Weingut.

Und alles für 350 Mark, satte zwei Wochen lang.

Feingemacht, mit Schlips und Kragen die Herren, mit aufgebügeltem Kostüm und Seidenbluse mit Jabot die Damen, wartete einige Tage später eine ältliche Gruppe irregeleiteter Reisender auf den Zug nach Balatonföldvar am Balaton. Vom Ostbahnhof in Berlin, dem Tor der Welt, hin zu den Magyaren mit ihrem Gulaschkommunismus. Diese älteren "Herrschaften", so um die 40 rum, verteilten sich in dem Zug, saßen zu achten in einem Abteil und machten sich vorerst heftige Gedanken, die Nacht ohne körperlichen Schaden zu überstehen. Die Gleise waren noch die von vor der Erfindung der Eisenbahn, durch das Geschuckele rutschten einige im Schlaf auf ihre im Gang stehenden Koffer. Die öffneten sich. Was manche so alles mithatten.

Und dann waren sie da im schönen Ungarland. Alle hatten Geld, am meisten der Reiseleiter. Anita und Günter - arme Schlucker, angewiesen auf das mickerige Deputat vom Taschengeld.

Aber eigentlich wollten sie sich nur erholen. Nur mal ausruhen, sich in die Sonne legen, sich gradebiegen. Ihre gebückte Haltung zeugte von wilden Orgien mit Ziegelsteinen, Sauerkohlplatten und Stoltedielen. Von Estrich und Betonmischen.

Aber der Himmel weinte zum Steinerweichen, und in Balatonföldvar erwartete man junge Dachse mit Rucksäcken. Kein Mensch holte die überalterten, überreifen Jugendlichen ab, kein Omnibus, kein Auto. Fußmarsch mit Koffer in Hackenschuhen. Alles ohne Schirm, die Dauerwelle kriegte ihren letzten Schliff. „Ich möchte bloß wissen, wie du

läufst“, nörgelte Günter. Anita besaß das seltene Talent, bei solch einem Wetter sich rückwärts den Dreck bis an den Kragen zu spritzen. Und sie hatte ein hellgrünes Kostüm an.
Balatonföldvar empfing seine Gäste. Pitschnaß musterten je vier Mann die ihnen zugewiesene Bretterbude mit hunderten von Astlöchern, durch die der Wind pfiff. Eine 15er Glühbirne erleuchtete das Interieur. Sie war diebstahlgesichert durch ein dickes Drahtgitter. Was erleuchtete sie? Da waren die Betten, ein wichtiger Aufenthaltsort, noch dazu bei dem Wetter. Zu ebener Erde stand auf windschiefen, wackligen Stelzen an jeder Bretterwand ein Lattenrost, einladend und auch nicht stärker vertrauenerweckend, hing darüber ein zweites Lattenrost an einer Art Jalousiegurt von der Decke herab. Zwischen dem oberen und dem unteren Lattenrost war so viel Platz, daß ein sehr schlanker Mensch sich reinquetschen konnte. Allerdings mußte er vorher eine altersschwache Luftmatratze aufblasen, mehrmals am Tage und auch nachts, laufend gab sie ihren Geist auf, sie ließ die Luft ab. Zentnerschwere Dekken wurden in fadenscheinige Wäsche eingefädelt, ohne Knöpfe, nur die Hoffnung hielt sie zusammen.
Kein Tisch, kein Stuhl, kein Schrank, keine Gardine zum Zuziehen. Eine halbe Fensterscheibe fehlte, die Tür ließ sich nur öffnen, wenn einer dagegen trat und ein anderer sie an einer bestimmten Stelle festhielt. Das erforderte ein mittleres Ingenieurstudium. Zur Beruhigung der Nerven entdeckten sie um die Bude herum eine Art Veranda für Schönwettertage. Vorläufig goß es in Strömen.
Nach dem Motto: Ein Stückchen Strippe kann man immer gebrauchen ... holte Anita einen längeren Bindfaden aus der Tasche. Sie spannten den von einem Bettpfosten zum anderen, hängten die klitschnaße Kleidung darüber und konnten später durch Handtücher und Waschlappen die Bude künstlerisch gestalten.
Da saßen sie nun mit eingezogenem Kopf auf den unteren Lattenrosten und warteten auf was, worauf wußte auch keiner so direkt. Der Mensch neigt ja meistens dazu, daß einem anderen was einfällt, die Langeweile zu vertreiben.
Anita funktionierte die „Betten“ um, zu Liegesofas. Die oberen wurden

ausgehakt und mit Decken gepolstert an die Wand gelegt. Nun konnte man wenigstens sitzen, die Nackenwirbel erholten sich. Der Duft von Paprika und Tee setzte die Beine in Bewegung. Im strömenden Regen ging es im Dauerlauf hin zu einer riesigen Halle, dem Freßtempel von Jugendtourist, einer volkseigenen Abfütterungshalle. Hier saßen an bekleckerten Tischen junge Leute aus aller Herren Länder, ebenso bekleckert und verschmiert, und schrabten mit Inbrunst und Heißhunger und Plastelöffeln auf Plastetellern herum und tranken aus hohen Plastebechern Pfefferminztee. Generationen mußten schon darauf herumgeschrabt haben, man sah es den Geräten an.
Etwas distinguiert suchte sich die ältliche Reisegruppe einen Platz. Umkehren ging nicht, man war auf Gedeih und Verderb ein Teil dieser Reisegruppe, niemand konnte sich abseilen.
Der Hunger trieb das Essen rein, oder man mußte Diät halten. Nur nicht so genau hinsehen, war die Devise.
Am Ende des riesigen Areals war der Toilettentrakt, eilig durfte man es nicht haben, der Gang dahin mußte zeitlich eingeplant werden. Hier wurden auch die geklauten Weintrauben gewaschen, infolgedessen waren die Waschbecken meistens verstopft. Von den Toiletten wollen wir gar nicht erst reden. Viermal gab es überhaupt kein Waschwasser nur Regen, Regen, Regen. Der Dauerregen setzte allem die Krone auf. Die Stimmung stieg, man hatte überhaupt keine Ahnung, wo man überhaupt war. Die Pfützen vereinigten sich zu einem riesigen See. Es fehlten Gummistiefel, Schlauchboote. Und wer nimmt schon in solch ein Sonnenland einen Schirm mit? Langeweile und Mißmut machten sich breit. Die Jugendlichen waren fein dran, sie vertrieben sich die Zeit auf ihre Weise. Bis tief in den Morgen dröhnte die Disco-Musik. Die Bretterwände und die zersprungene Fensterscheibe hielten das tapfer aus. War gegen Morgen das Tuten und Hämmern vorbei, spielten sie um die Buden herum: Hasch mich, ich bin der Frühling, und gerieten trotz Regen in Ekstase.
Der multikulturellen Gesellschaft tat das keinen Abbruch.
Empört und doch voll Neid konnten die Potsdamer diese Möglichkeit, die Regenzeit sinnvoll und attraktiv zu gestalten, nicht in Erwägung ziehen.

Nach einer Woche fingen die „Budengenossen" von Anita und Günter an, sich zu strubbeln, sie waren erst ganz kurz verheiratet und hatten sich die ungarischen Nächte abwechslungsreicher und unterhaltsamer vorgestellt.
„Der kriegt ´nen Samenkoller, wenn wir uns nicht dünne machen," prophezeite Günter. Man borgte ihnen den einzigen vorhanden Regenschirm und zwanzig Mark, dafür überließen sie ihnen für zwei Stunden das Etablissement.
Es goß weiterhin in Strömen, aber nun wußten sie erst einmal, wo sie überhaupt waren. In einer Csarda bestellten sie Schillerwein und etwas zum Essen. Der Wirt brachte wunderbare Holzteller, auf denen sich je ein zerschnittenes Würstchen graulte. In jedem Stückchen steckte ein Zahnstocher, so konnte es wenigstens nicht verloren gehen. Zwei Stunden hatten sie warm gesessen und hofften auf zufriedene Gesichter bei ihrer Heimkehr.
„Ihr werdet euch morgen wundern! Morgen seid ihr dran, da überlassen wir euch das Etablissement!"
Als am nächsten Abend richtiger schöner Lärm von der Disco herüberschallte, leiteten sie die Ouvertüre zu ihrem Liebesabend ein. Der etwas unterentwickelte technische Verstand von Anita versucht nun die Handlung folgerichtig zu beschreiben: Die innige Vereinigung ihrer beiden Körper fand auf Anitas Lattenrost statt. Das hielt die Luftmatratze nicht aus, die Luft entwich hörbar und stotternd. „Sei nicht so albern," wurde Anita gerügt. Durch das nun folgende intensive Auf- und Abheben des Obermannes hakte der schließlich mit dem Gesäß den Jalousiegurt aus den Ösen, es war plötzlich kein Spielraum mehr vorhanden, und ein gewaltiges Gewicht erdrückte die Anita fast. Auf ihr lagen ihr Herzallerliebster mitsamt dem oberen Lattenrost sowie der oberen Luftmatratze, der Decke und dem Bezug. Sie war ja noch tapfer, störte allerdings durch ihr Lachen die Andacht für diesen Akt. Aber das untere Lattenrost, das provisorische Lodderbett, war nicht so standhaft, das eine Bein knickte um, und alles rutschte schräg in den Gang. Da lagen sie nun beide mit all den Plünnen und verschoben grinsend den unterbrochenen Akt und ihre aufgestauten Gefühle auf einen regenlosen

Abend. Aber so einfach konnten sie die Weinberge auch nicht durchwandern, die Bauern hatten Wächter mit Hunden angeheuert, sie konnten von ihren Problemen nichts wissen. Schließlich fanden sie einen herrenlosen alten Weinberg, schön kuschelig für ihre Zwecke. Die mitgeführte Nagelschere erwies sich als sehr wertvoll, nur mit ihrer Hilfe konnte man die Trauben von den uralten Rebstöcken abtrennen.
Zwei Tage vor Ende der Weinreise kam es noch zu einer Weinverkostung. Vor einem alten Gemäuer durften sie sich auf Baumstämme setzen, und der Reiseleiter goß jedem aus einem Kanister einen Pappbecher voll roten Wein ein. Dann bekam jeder eine Rute, steckte ein Stück Speck dran, den er vorher bezahlen mußte, und hielt ihn ins Feuer. Weinverkostung mit Grillparty - fröhliches Jugendleben für Kulturbanausen.
Zu Hause hieß es: Was, in Balatonföldvar wart ihr? Das nennen die Ungarn Russenlager. Und trotz der gepriesenen deutsch-sowjetischen Freundschaft hatten sie sich auch so gefühlt.

Sonnengrill und Meersalz

Der Sommer war da, kurzerhand räumte Gertrud ihre Kinder ins Auto, stellte den halben Haushalt dazu und veranlaßte Rudolf, sich den vielen Wagen anzuschließen, die sich jedes Jahr zur Sommerzeit schicksalhaft nach Norden bewegten. Die Geheimadressen der Freunde für ein kleines Zimmerchen irgendwo weit ab vom Schuß hatten sich allesamt als Blindgänger erwiesen. Nicht mal geantwortet hatten die Banausen. Saßen da oben alle auf einem hohen Roß. Nun mußte gehandelt werden.

Bis nach Ahlbeck brauchten sie reichlich drei Stunden. Während Rudolf auf dem Parkplatz zigarettenqualmend die Umwelt verschönend auf die Kinder aufpaßte, die endlich aus dem verrammelten Auto konnten, ging Gertrud Klinkenputzen. Klinkenputzen war Gertruds Spezialstrecke. Es bedeutete an jeder Haustür zu fragen, ob eventuell.... Sie brauchten zwei Betten und eine Liege für die Kinder. Oder ein Sofa, oder eine Matratze, die man vor die Betten legen könnte, irgendwo, worauf sie ihre müden Häupter betten könnten. Von Haus zu Haus wurden die Ansprüche kleiner, Gertrud wurde bei den vielen Absagen immer bescheidener und die Ostsee rückte in weite Ferne. „Kommen sie im Winter wieder, da hab ich zwei Betten frei," hieß es, oder „In der Laube hätte ich ein einzelnes Bett für sie", frohlockte einer mit Glatze. Bis eine mitleidige Seele sich ihrer erbarmte: „Tja, wissen sie, junge Frau, hier ist tja man allens besetzt, vons Reisebüro und so, von FDGB und so. Un manche ha'm tja auch 'n paar Verwandte und so. Sie ha'm woll hier keine Verwandten? Tja, so geht das woll nich. Fahrn sie man ins Hinterland, da gibt es ja woll Betten in Hülle und Fülle." Und sie zeigte Gertrud den Weg zu dieser paradiesischen Schwemme.

„Na, wenn weiter nichts ist, Kleinigkeit, das haben wir doch bald geschafft. Sieh mal, wie der Wagen rollt!" Rudolf legte den Gang ein und bog mit Karacho von der Hauptstraße ab.

Die ausgefahrenen Feldwege erwiesen sich als völlig ungeeignet für ein neues Auto. Die Löcher waren randvoll mit Regenwasser, ein Rad war ständig in einer tiefen Pfütze, und plötzlich hatte es den Auspuff erwischt. Sie schöpften so richtig aus dem Vollen, Freude kam auf, die Gespräche wurden heftiger und lauter, es war eine Bullenhitze, das Auto

war ladenneu, die Aussichten mehr als niederschmetternd. Ab und zu tönte es von hinten: Sind wir bald da? Das beruhigte keinesfalls.
Sie ruderten auf der löcherigen Straße durch Neppermin, durch Pudagla, und Gertrud meldete auch in Benz und Stoben volle Häuser. Rudolfs Ärger über die mecklenburgischen Verbindungswege steigerte sich durch die mecklenburgische Auskunft im besonderen. Vor ihnen lag BANNEMIN. Ein Nest mit sieben-acht Häusern und mittendrin eine Kneipe.
„Wie lange soll denn das der neue Wagen aushalten? Denkst du, die haben hier in der Kuhbläke Betten? Die haben da nicht mal Strom! Die rennen noch mit dem Talglicht ‘rum. Vergiß die Ostsee, wir fahren wieder nach Hause!“
Und noch einmal erzählte Gertrud die Geschichte mit den zwei Betten und dem Sofa. Im letzten Haus hätte sie der Bauersfrau am liebsten die Füße geküßt. Die hatte.
„Tja, es ist aber nur ein ganz kleines Zimmerchen, ganz einfach, mit zwei Betten und so. Eigentlich wollten wir ja den Maler bestellen aber wenn’s so brennt. Ha’m sie denn hier oben keine Verwandten? Die andern vermieten tja mitunter an die Tanten und so.“
Gertrud kannte hier oben nur diese Bauersfrau und war darüber unendlich glücklich. Es war ihr auch egal, ob sie vielleicht abends mit dem Talglicht rumlaufen müßte.
Nun hatte dieses Appartement zwar Licht aber außer der reparaturbedürftigen Tapete noch einen anderen Haken. Um hineinzukommen, mußte man ein Dreibettzimmer durchqueren, das ein sehr kultiviertes Ehepaar mit Sohn für drei Wochen gemietet hatte. Die Verbindungstür ließ sich mangels Schloß nur durch Bindfaden schließen, der einmal an der Wand und einmal an der Tür fest verankert werden konnte. Um ins Freie zu gelangen, löste man eine Seite, klopfte an: „Entschuldigen Sie, dürfen wir bitte mal eben durchgehen? Danke schön, na, heute wird bestimmt schönes Wetter, glauben sie nicht auch?“
Dann ging man zu viert durch, und war heilfroh, die Leute so auf Tour gebracht zu haben. Solche Prozedur hält aber auf Dauer selbst der widerstandsfähigste Körper nicht aus. Und sie entschlossen sich, ihre verschiedenen Geschäfte durch das zu ebener Erde liegende Fenster

abzuwickeln. Bald hatten sie auch den Bogen raus, nicht mehr direkt in den Misthaufen zu treten, ihn nur am Rande zu streifen. Und als die freundliche, verständnisvolle Bauersfrau ihnen vor das Fenster noch eine Matratze legte, hatte Gertrud eine eigene Schlafstelle. Ordnung kehrte wieder in den kleinen Haushalt. Es fehlte bloß noch die Sonne, dann konnte der Urlaub losgehen. Das Wetter miekerte so rum, es wußte nicht so recht, was es wollte. Es badete sich auch schlecht mit Rolli und Pullover. Die Kinder erfreuten die Eltern mit der Inselkrankheit, bei der man am besten in Sichtweite eines gewissen Häuschens blieb. So kam es, daß die Flasche mit dem eingeweckten Schwarzen Johannisbeersaft oben auf dem Kachelofen ein vergessenes Dasein führte und von niemand beachtet wurde.
Bei der abendlichen Runde um die acht Häuser trafen Gertrud und Rudolf den Bankdirektor ihrer heimatlichen Sparkasse. Er kannte die Höhen und Tiefen ihres Kontos, eigentlich mehr die Tiefen, und um sich seines Schweigens zu versichern, luden sie ihn zu einem Glas Bier ein, ein zweites folgte. Vor dem dritten besann sich Gertrud auf ihre Mutterpflichten. Sie eilte durch das schlafende Dorf, hin zu ihrem Nachwuchs, klopfte höflich an die Tür der feinen Leute und begehrte Einlaß.
„Da sind sie ja endlich! Ihre Kinder haben wiederholt nach ihnen verlangt und geweint." unterrichteten sie die urlaubstrunkene Mutter. „Na, denn Prost!" dachte Gertrud, hakte den Bindfaden ab, um den Ort des Unheils zu betreten.
„Mama, Mama, es ist alles in der Hose," jammerte der eine. „Ich auch, ich auch," wimmerte der Kleine.
Die Schlafanzüge wirkten ernüchternd. Die Wirkung der zwei Bier war weg. Sie beruhigte die beiden und dachte angestrengt über ihre Lage nach. Also zuerst werde ich mal den Hocker vor die Tür stellen, damit die nebenan nicht alles mitkriegen. Dann schleppe ich die beiden Bengel durchs Fenster an die Pumpe und wasch den Kleister ab und gleich auch noch die Schlafanzüge. Gesagt - getan. Mit einem tiefen Seufzer und einem halben Fläschchen Köllnisch Wasser fielen alle drei in Schlaf. Gertrud hatte sich gerade einige Runden ausgeruht, als ein ohrenbetäubender Lärm sie aufschreckte. Ein Kopf guckte durch's Fenster. „Ja,

hier isses, das ist meine Frau Gemahlin... Trudchen, das sind alles meine Freunde. Egon, den Bankfritzen kennste ja, und dis is die Freiwillige Feuerwehr von dis Nest hier, un dis..."

Zu weiteren Bekanntschaften kam es nicht mehr. Mit Hauruck- Hauruck segelte ihr Ehemann direkt auf die Matratze vor die aufgesprungene flatterhemdige Gertrud, zur Freude und Bewunderung der Sangesbrüder, was die mit einem persönlichen Ständchen für sie honorierten.

Die durchsichtige Gertrud verriegelte halb lachend, halb wütend das Fenster und betrachtete das Frachtgut. Da lag er nun, die volle Blume des Fasses ausströmend. Die nahm den ganzen Raum ein. Er war nicht zu bewegen, in sein Bett zu steigen. So ließ sie ihn liegen, zog ihm die Hosen aus und kletterte hinauf in sein verschmähtes Lager.

Wie sie nun auf die sich entfernenden Gesänge der Freiwilligen Feuerwehr samt Bankdirektor hörte, vernahm sie unter sich ein klägliches Stöhnen: „Ach, mir ist ja so schlecht! Trudchen, mir ist vielleicht schlecht. Trudchen, wo is'n der Eimer?"

„Rudolf, reiß dich zusammen, du kannst hier nicht die Stube vollspucken!"

„Doch, laß mich, nur einmal, ich bin auch ganz leise. Mein Gott, wie ist mir schlecht."

Was sollte sie nun machen? Sollte sie ihn ausschimpfen? Und nebenan die bekotzten Leute, wenn ihm vielleicht gleich das ganze Bier aus dem Gesicht fiel. Das brachte doch nichts. Für den Misthaufen war es auch zu spät. Dazu hatte er nicht mehr die Kraft. Wie sollte sie ihn nachher auch wieder reinkriegen. Wenn bloß die Leute nicht wären. 'N feinen Eindruck mußten die kriegen. Vater besoffen, Kinder ins Bett gemacht!!! Bloß nicht erzählen, wo man her war. „Rudolf, wenn du mir versprichst, daß du nicht so laut bist, geb ich dir den Eimer." „Ich verspreche alles, bloß schnell den Eimer!"

Der geplagte Mann umschlang den Abwassereimer und röhrte in das hohle Gefäß. Es hörte sich an, wie ein Hirsch in der Brunftzeit. Über all dem wurden die Kinder wach, die wissen wollten, was der Papa da machte. „Pst, der Papa ist krank."

Da fiel dem einen sein kranker Bauch ein und er wollte aufs Töpfchen.

Nun meinte der andere, er komme zu kurz und wollte auch drauf. Der schon halbverrückten Gertrud standen aber nur ein Wassereimer und ein Nachttopf zur Verfügung, beide waren augenblicklich besetzt, nach Adam Riese fehlte ein Gefäß. Kurz entschlossen hielt sie ihn über das Waschbecken.
Hilfe, was für eine Familie. Womit hatte sie das verdient? Bloß wegen dem „bißchen Braunwerden". Und die blöde Tür mit den noch blöderen Leuten dahinter.
Die Kinder beobachteten vom Nachttopf und vom Waschbecken interessiert ihren kranken Vater. Man konnte nur hoffen, daß die dämmrige Nacht nicht alles preisgab und ihnen der Schock für's Leben erspart blieb.
Endlich hatten sich bei den dreien die aufgewühlten Innereien beruhigt, und jeder kroch auf seinen ihm zugewiesenen Platz. Zum letztenmal kletterte Gertrud mit Eimer, Topf und Schüssel aus dem Fenster und bemühte den quietschenden Pumpenschwengel. Ob der nun mitten in der Nacht quietschte war ihr jetzt vollkommen egal. Das beste wäre sowieso, morgen früh abzufahren. Mit solchen Gedanken legte sie sich auf ihre Matratze und schlief ein. Doch nicht lange. Der oben auf dem Kachelofen thronende Johannisbeersaft war nun an der Reihe das weitere Nachtprogramm zu gestalten. Er war gärig geworden und hielt den Zeitpunkt für gekommen, jetzt sein Gefängnis zu sprengen. Mit lautem Getöse ließ er die eben eingeschlafene Gertrud von ihrer Matratze hochfahren und lieferte seinen Beitrag für die Ausgestaltung der Nacht. Er sprengte seine Flasche mit lautem Knall, riß Zuckertüte, Butterdose und Marmeladenglas mit in den Abgrund. Er selbst ging eine innige Verbindung mit der Zimmerdecke, der Bettwäsche und den übrigen Textilien ein, Butter und Marmelade setzt er in kleinen Häufchen zur Dekoration auf die Bewohner und ihre Möbel.
Gertrud saß kerzengerade im Bett und starrte auf ihre veränderte Umwelt. Sie hoffte, der Schlag möge sie treffen. Statt dessen schrie die Nachbarin hinter der Tür: „Otto, jetzt sind sie ran! Jetzt werden sie uns alle totschießen!" Aber Otto wußte auch keinen Rat, was zu tun sei.

Jedenfalls blieb er vorsichtshalber im Bett. Wahrscheinlich hatte er keine Ahnung wer da zu erwarten sei.
In der Wohnung obendrüber trappelte es hin und her, selbst der wegen der Feriengäste ausquartierte Bauer kam aus der Scheune gelaufen mit flatterndem Nachthemd um die Stachelwaden, um nachzusehen, wer seine Milchkuh abschießen wollte. Der einzige, den das alles nicht störte, war der geschwächte Rudolf, der die Strapazen mit der Freiwilligen Feuerwehr noch nicht überwunden hatte und den ein gütiges Schicksal mit Butter und Zucker berieselte. Das Glück ist eben ein Rindvieh und sucht seinesgleichen.
Gertrud verharrte mucksmäuschenstill bis alles sich im Hause wieder beruhigt hatte, sammelte dann die Scherben auf und beschloß, den Rest der Nacht mit offenen Augen zu verfolgen. Trau-schau-wem.
Außerdem mußte sie mit dem Waschlappen die Fliegen verscheuchen, die in reichlichem Maße vom Misthaufen geliefert wurden. Sie fielen wie die Heuschrecken über alles Klebrige her, und was war hier nicht klebrig. Das restliche Köllnisch Wasser führte einen aussichtslosen Kampf gegen den bestialischen Gestank. Bis zum Mittag spielte Gertrud mit den klebrigen Kindern im Bett Karten, bis auch diese klebten. Dann waren die Nachbarn abgefahren, auf Nimmerwiedersehen.
Draußen knallte die Sonne, doch Gertrud schrubbte, wusch und kratzte Butter ab. Die Kinder spielten an der Pumpe, fielen in den Mist, und Rudolf schlief seinen Rausch aus. Es war der heißeste Tag des Jahres, alle hatten einen Sonnenbrand, sie nicht, und alles nur, weil die Freiwillige Feuerwehr ein neues Spritzenhaus einweihen wollte.

Um 2 Uhr gibt's Bananen

Hilde hütete in der Strandburg die Sachen - Schippchen, Bälle, Badetücher und Kulturbeutel. Die andern waren alle ausgeschwärmt, um den Proviant für den Rest des Tages zu organisieren. Einer stellte sich nach Schrippen an, ein anderer nach Brause, einer versuchte Bockwurst aufzutreiben, und ein vierter hielt nach Kirschen und Mohrrüben Ausschau. Hilde paßte hier am Strand auf.

Das einzige Lokal, in dem man mittags essen konnte, faßte die vielen Urlauber nicht, die privat und fast illegal hier oben an der Küste weilten. Ansonsten platzte der Ort mir FDGB-Gästen und den FDGB-Heimen aus den Nähten.

Hildchen knabberte an einer Mohrrübe, mit Bedacht, wer weiß, wann es die nächste gab. Hier oben war alles knapp, meistens herrschte in den Geschäften Ebbe, es war die ganze Saison über Aktion Kahlfraß.

Walter kam als erster zurück. Vereint buddelten sie eine Grube, um die Ausbeute sicher zu stellen: 1 Bier, eine Brause, eine Flasche Milch, eine Cola. „Guck nich so und stell keine Fragen. Vier Getränke gab's, aber nich alles von einer Sorte. Wir werden es einteilen. Du kannst ja noch mal hingehen, aber Geduld brauchste schon. Vielleicht ist auch schon alles alle."

Erika packte ein Brot und einige Schrippen aus. „Mittags könn' wir einen losschicken, da gibt's wieder frischen Kuchen, jetzt war er alle. Du kannst mal gehen." Damit meinte sie Hildchen.

Mittags hatte jeder eine Bockwurst und noch einen Kohlrabi. Alle waren zufrieden und glücklich.

Gegen ein Uhr machte sich Hildchen auf die Socken nach Kuchen. Sie schlenderte am Kiosk vorbei. Die Schotten waren dicht, eine Tafel verkündete: BOCKWURST IS NICH ...

Die Kreide lag noch da. Es juckte ihr in den Fingern. Mit dem Einkaufsbeutel wischte sie kurzerhand die Bekanntmachung ab. Sie entwarf eine neue Mitteilung: UM 2 UHR GIBT'S BANANEN ...

Und sie machte, daß sie wegkam. Hin zum Streuselkuchen ...

Schon von weitem vernahm sie das Stimmengewirr. In Sechserreihen standen sie an und warteten auf den Empfang der Bananen. Ganze

Familien waren angetreten und die Kinder kriegten eingebleut: Also mich kennste nich, sonst kriegen wir nur einmal welche.
Hildchen zog Erika aus der Schlange, heftig protestierend folgte sie ihr. Nun folgte ein heftiger aber kurzer Hauptfilm. Der Dicke vom Kiosk staunte nach seiner Mittagsruhe nicht schlecht über den Andrang, denn eigentlich war bis auf den Mostrich und die Marmelade und die Zigaretten Karo, Juwel 72 ohne Filter und Real nichts mehr im Regal. Er beeidete mit erhobenen Armen keine Bananen zu haben, „Haste woll alles verschoben!“ und man guckte hinter die Kulissen. Sie waren von der gähnenden Leere beeindruckt. Aber vielleicht kommt ja noch ein Lkw und bringt was. Keiner rührte sich vom Fleck. Auch Hildchen nicht, sie verhielt sich still und sah scheinheilig zu. Aber gerne hätte sie Bananen verkauft.

Viele Jahre später, Hildchen war erwachsen geworden, sie lag am Strand vom Plattensee und langweilte sich. Rundherum tiefe Stille wie in einer Bibliothek. Man las, nur sie hatte keine Zeitung. Die Ruhe war beeindruckend und kam durch das Studium westlich verseuchter Lektüre zustande. Noch nie hatte sie Hunderte von Frauen in solcher Eintracht beim Lesen gesehen. Nur sie war außen. Ein Schatten riß sie aus ihren Gedanken, wie sie an eine Illustrierte kommen könnte.
„Haben sie Interesse an diesen Heften?“ fragte eine Frau in tiefstem bayerisch. Die will mir was schenken, dachte Hildchen und verstand sofort. „Ich such schon seit einer Stunde nach einer Bekannten vom vorigen Jahr. Die wollte diese Schmöker haben. Wenn sie sie wollen, mitnehmen tu i sie net.“
Sie tranken gemeinsam Kaffee und Hildchen wurde zur völlig überraschten Besitzerin von 20 Groschen-Romanen. Von nun an reihte sie sich ein in die Truppe der wißbegierigen Leserinnen.
Abends erzählte sie ihrem Mann, wie der weltberühmte Architekt Wilibald von Koserow sich unsterblich in die verheiratete Isabella Schneider-Lützgendorff verknallte. Sie wollten sich anschließend von den Klippen ins Meer stürzen.
„Du mußt nicht recht bei Trost sein, da fahren wir Hunderte von Kilo-

metern an den Plattensee, und du beschäftigst dich mit solchem Mist." Recht hatte er ja, sie las sonst nie solchen Quatsch. Sie wollte sich bessern und stapelte die Schwarten im Vorzelt. Nicht lange, eine Nachbarin bot ihr ausgelesene Zeitschriften im Tausch gegen einen Schmöker an. Im Nu sprach sich das rum. Hildchen konnte sich nicht retten und besaß in kurzer Zeit einen Stapel Illustrierte, manche auch für den Herrn Gemahl passend, Autozeitungen.

Was aber sollten sie machen, wenn sie nach Hause fuhren.

Hildchen hatte immer ein Stück Strippe dabei. Also bündelte sie die Akten, und sie lasen sie auf dem Campingplatz vor Prag weiter. 15 Hänger der Sorte BASTEI säumten den Platz, eine Betriebsferiengemeinschaft. Die Frauen putzten morgens mit Kittelschürze das Vorzelt, mittags spazierten sie mit der Bestecktasche in den Essenraum. Dann fuhren sie mit einem Omnibus in der Gegend rum und abends saßen sie wie bei einer Versammlung um den großen Tisch und diskutierten über das Gesehene, sie werteten das aus. Einer war der Wortführer, das war sicher der „BGL-ler".

„Wir werden da morgen ein bißchen Leben in die Bude bringen, die Ärmsten wollen wir von dem Parteimief befreien. Die sollen wissen, was in der GROßEN Welt passiert."

Und als die Werktätigen mit dem volkseigenen Omnibus unterwegs waren, legte Hildchen in jedes Vorzelt zwei Illustrierte, eine für Papa, eine für Mama, und wartete auf die heutige Auswertung des Ausflugs. Der erste öffnete das Vorzelt, ließ frische Luft herein, seine Frau zupfte ihn am Hemd, sofort zog er den Reißverschluß wieder zu. Sie ließen sich den Abend nicht mehr blicken.

Der zweite ging nach der Entdeckung der Lektüre vorsichtig um das Zelt und den Wohnwagen herum, schloß schnell den Eingang und wurde den späteren Abend nicht mehr gesehen.

Der dritte, der den Hildchen als den sogenannten BGL-ler identifizierte, der setzte sich mit den Neuen Deutschland draußen ganz demonstrativ hin. Aber die Zeitung machte einen fülligen Eindruck, sie faltete sich nicht, sie blätterte ganz anders, sie war die Hülle für das GOLDENE BLATT.

Nun kam einer zu ihm hin und zeigte auf seinen Kopf. Sicher war ihm der Ausflug nicht bekommen. Er entschuldigte sich.
An dem Abend fiel die Auswertung aus.
Und am nächsten Abend, nach einer neuen Lieferung der Lektüre fiel auch alles ins Wasser.
Dann waren sie ihre Altstoffe los und fuhren unbelastet nach Hause.
Ob die andern wohl ihre Zeitungen mitgenommen haben?
Jedenfalls wissen die nun, wann Königin Silvia mit ihren Kindern im Zirkus war, sie wissen auch, daß die Queen nicht gut auf ihre Schwiegertochter zu sprechen ist, sie wissen, wer mit wem schlafen gegangen ist und wer das noch vorhat. Sie wissen, daß man einen Silikonbusen braucht, um bei den Männern zu landen, und sie erfahren, daß ein Kuchen mit zehn Eiern besser wird als einer mit einem. Schön liest sich das, aber bitte nicht immer.

Und das Leben währet 60 Jahre, und wenn's hoch kommt 70 Jahre.

Haben Sie Verwandte ersten Grades?
Haben Sie Verwandte zweiten Grades?
Wer sind die?
Was arbeiten die?
Wo sind sie beschäftigt?
Wo wohnen die?
Warum wollen Sie sie besuchen?
Seit wann wohnen sie in der BRD?
Wo sind Sie persönlich beschäftigt?
Haben Sie einen Freistellungsschein ihres Betriebes mit?
Haben Sie Kinder?
Sind die eventuell bei der Armee?
Wo arbeitet Ihr Mann (Frau)?
Fragen nach der Staatsbürgerschaft, nach Geburtstag, Geburtsort, Familienstand usw.

Wenn ich heute verreise, brauche ich Geld um die Fahrkarte zu bezahlen, dann schicke ich ein stilles Gebet nach oben, „der Zug möge nicht so viel Verspätung haben".

Damals war das alles anders. Um in den GOLDENEN WESTEN zu kommen, brauchte man hieb- und stichfeste Verwandte, möglichst ersten Grades, die einen runden Geburtstag feierten, oder Goldene oder Silberne Hochzeit, man fuhr auch zu weniger ersprießlichen Anlässen, zu einer Beerdigung oder zur Krankenpflege. Alles urkundlich mit Stempel beglaubigt.

Ehrlicherweise muß man gestehen, daß sich die Bereitschaft für derlei Exkursionen nach 1990 sehr schnell verringerte. Vorher wurde aber die Verwandtschaft sehr gepflegt, und unsere Gebete erhofften eine gnädige Zustimmung der Behörde, der Polizei.

So eine siebzigjährige Tante westlich der Elbe beschäftigte einen schon eine ziemliche Weile. Das Ausfüllen der Anträge war ein abendfüllendes Programm, es dauerte mindestens so lange wie Menschen der westlichen Hemisphäre für das Studium vom Neckermann Reisekatalog brauchten.

Nach sechs Wochen, nicht früher und nicht später, erhielt der Antragsteller den Bescheid, war er positiv konnte er bei der Notenbank gegen Vorlage der Reisegenehmigung 80 Ostmark in 80 Westmark eintauschen, und sollte es das Glück besonders gut mit ihm meinen, bekam er bei einer erneuten Ausreise im selben Jahr noch einmal 80 harte Taler. Viele wären auch ohne jeden Pfennig gefahren, um zu sehen, was sich hinter der Mauer abspielte. Gerade, weil es so geheim war, war es so interessant. Doch auch Unrechtsgefühle kamen von Seiten der Rentner auf. Ein Rentner hatte die Möglichkeit, jedes Jahr nach „drüben" zu reisen, aber er bekam nur einmal 15 Mark umgetauscht, egal, wie oft er reiste.
Das waren die Fakten. Um das alles zu überstehen, brauchte man starke Nerven, viel Zeit und ein breites Kreuz. Auch einen guten Leumund, denn da, wo der Haussegen öfter schief hing, oder das mit der Arbeit nicht richtig klappte, oder jemand eine Menge Schulden hatte, wartete man meistens vergeblich auf die ersehnten Papiere.
Wie gesagt, wollte man verreisen, ging man nicht zum Bahnhof sondern zur Polizei.
Ingrid ging schon zum Bahnhof. Mit einem Riesenhut und Stöckelschuhen, die so richtig schön klapperten. Damit schreckte sie alle Rentner auf, die auf den Personenzug nach Berlin warteten, um dort im Rathaus Steglitz oder in Charlottenburg die 30 Mark „Stütze für Bürger der DDR" abzuholen.
Ingrid hatte nicht nur einen Bruder, der im Goldenen Westen wohnte, nein, ihrer wohnte sogar in Frankreich, er war sicherheitshalber als freigelassener Gefangener nach dem Krieg gar nicht erst in die deutschen Besatzungszonen zurückgekommen. Essen gab's in Frankreich in Hülle und Fülle, Wein auch, was sollte er in dem zerschlagenen Deutschland. Und nun wurde er 60.
Oswald wurde 60, und Ingrid ging zur Volkshochschule. Sie versuchte ihrer Schwägerin in perfektem französisch "Guten Tag" zu sagen. Das erste, was sie sagen konnte, war: Je ne pas de gum ... ich habe keinen (Radier)gummi.
„Ingrid, ob das das Richtige ist, wenn du in Paris auf dem Bahnhof

stehst und auf deinen Bruder wartest. Vielleicht lernst du noch einen zweiten Satz."
Sie lernte. Und nun fuhr sie los. Elegant ausstaffiert, sie hatte sich von allen Freundinnen die neusten Modelle geborgt: Schal, Mantel, Tasche... Schließlich war es das Ereignis. Wir kannten niemanden, der schon mal in Frankreich war. Das klang so weit weg.
Tag und Nacht begleiteten wir sie, jetzt ist sie an der Grenze, jetzt ist sie an der deutsch-französischen Grenze, jetzt ist sie in Paris. Ob sie den Oswald findet? Ob sie ihn noch erkennt? Ach, ja, er war ja schon mal bei ihr gewesen! Und jetzt fahren sie in das Zentral-Massiv. Alles hatten wir uns auf der Landkarte intensiv angesehen. Ich konnte mich nicht erinnern, jemals solche Studien betrieben zu haben.
Nach drei Wochen fragten wir Ingrid aus: Erzähl mal. Wie war's! „Das könnt ihr euch nicht vorstellen. Da sammeln wir für eine Fete monatelang, manchmal jahrelang im Keller die Fressalien und denken wunder, was wir haben. Und meine Schwägerin, die geht einen Tag vorher hin in einen Supermarkt und kauft, was sie gerade braucht, teils schon fast fertig. Sie braucht nur Geld. Keine Beziehung, kein banges Fragen: „Ha'm se nicht vielleicht ... Kriegense vielleicht ... Das war für mich fast noch höher als das Zentralmassiv." „Na und?" „Aber bei euch ist's am schönsten. Französisch ist eben doch nicht so einfach. Ach, ihr quatscht heute einen herrlichen Zimt zusammen, aber ich verstehe euch, ihr quatscht so herrlich deutsch."

Antrag auf Ausreise aus der DDR

Bitte in Blockschrift ausfüllen (Rückseite beachten)

1	2	3	4

Familienname: Geburtsname: Vorname:

Personenkennzahl (PKZ)**	Geburtsort:	männlich weiblich*

Postleitzahl: Wohnort/Kreis: Straße/Nr.:

Erlernter Beruf:	Letzte / jetzige Tätigkeit:*	Familienstand:

Letzte / jetzige Arbeitsstelle und Anschrift:*

Staatsbürgerschaft: DDR /	Bei Reise mit Kfz, Angabe des polizeil. Kennzeichens:	Grenzübergangsstelle:

Mitreisende Kinder bis 14 Jahre (Vorname und Geburtsdatum):	Nr. des Personalausweises:

Beabsichtigte Dauer der Reise: vom: bis:	Wieviel Tage:	einmalig / mehrmalig* dienstlich / privat

Letzte Reise nach anderen Staaten oder Westberlin:
wann: wohin:

* Nichtzutreffendes streichen
** PKZ dem Personalausweis entnehmen; wenn nicht vorhanden Geburtsdatum eintragen

Haben Sie Verwandte außerhalb der DDR, die nach 1945 in der DDR gewohnt haben, wenn ja, Name, Vorname, Anschrift, Verwandtschaftsverhältnis, letzter Wohnsitz in der DDR und bis wann (bei Platzmangel bitte gesonderten Bogen beifügen):

Zu wem erfolgt die Ausreise

Familienname: Vorname: Geburtsdatum:

Ausgeübte Tätigkeit: Arbeitsstelle:

Wohnort, Straße/Nr., Land: Verwandtschaftsverhältnis:

............................, den .... 19......... ....
Unterschrift

Wird ein Paß benötigt (gültig für 2 oder 10 Jahre*), Zweitschrift gültig bis .... Größe in cm: .... Augenfarbe: .... Besondere Kennzeichen: keine/	Vermerke	Reisedokument Nr. .... erhalten am .... Unterschrift

PM 67 g

Zählkarte A

für Statistik und Reiseservice

Pol. Kennz. d. Kfz

A

Familienname

Vorname

Geburtsdatum und -ort

Wohnort | Kreis

Straße | Haus-Nr.

Nr. des Reisedokumentes | Staatsbürgerschaft

Ausgeübte Tätigkeit | Arbeitsstelle

Mitreisende Kinder bis 14 Jahre (Name, Vorname, Geburtsdatum)

Zweck der Reise *)	dienstlich		privat		Touristik	

*) Zutreffendes ankreuzen

Wir bitten Sie, beide Teile dieser Zählkarte auf der Vorder- und Rückseite vor Reiseantritt vollständig und gut leserlich mit Tinte in Blockschrift oder mit Schreibmaschine auszufüll. und dem Paßkontrollorgan zu übergeben.

Zählkarte E

statistik und Reiseservice

Pol. Kennz. d. Kfz

A

E

Familienname

Vorname

Geburtsdatum und -ort

Wohnort | Kreis

Straße | Haus-Nr.

Nr. des Reisedokumentes | Staatsbürgerschaft

Mitreisende Kinder bis 14 Jahre (Name, Vorname, Geburtsdatum)

...k der Reise *)	dienstlich		privat		Touristik	

*) Zutreffendes ankreuzen

Angaben zum Reiseziel außerhalb der DDR

Bei **Privatreisen** Personalien des zu Besuchenden

Familienname

Vorname | Geburtsdatum

Wohnort | Kreis

Straße | Haus-Nr.

Ausgeübte Tätigkeit | Arbeitsstelle

Bei **Privat-, Dienst- und Touristenreisen** Staaten und Orte, in denen Sie sich aufhalten werden:

Staat	Ort	von	bis
Staat	Ort	von	bis
Staat	Ort	von	bis
Staat	Ort	von	bis

F 74/3

Angaben zum Reiseziel außerhalb der DDR

Bei **Privatreisen** Personalien des zu Besuchenden

Familienname

Vorname | Geburtsdatum

Wohnort | Kreis

Straße | Haus-Nr.

Wenn hier ein Berg mit Butter wär

Wenn hier ein Berg mit Butter wär
und da ein Berg mit Grütze,
und die Sonne schien in die Butter,
und die Butter lief in die Grütze rein,
das möchte mal 'ne Grütze sein...

So war das in Strmlow.
Ein Karpfenanzuchtteich im Böhmerwald. Und da war das so, nur handelte es sich dort nicht um Grütze mit zerlaufener Butter, man schwelgte auf anderer Ebene. Und die Geschichte ging so:
Nichtsahnend saßen wir in voller Unschuld dicht am Rande eines idyllischen Sees, entfachten mit unseren gehackten Zweigen unser wärmendes Lagerfeuer, hatten ein Würstchen am Stock und heizten auch von innen durch einige kleine Becherowka ein. Direkt neben uns waren geschickt aufgestellte Steine, um am Tage ins Wasser zu kommen.
Der Badebetrieb nahm mit der Dunkelheit immer mehr zu, nur daß von hier aus kleine Kähne und Paddelboote abstießen und weit auf den See fuhren. Alle Leute angezogen und manche mit Laternen. Ein seltsamer Betrieb für einen Campingplatz, wo es die Verliebten eigentlich nicht nötig hatten, für ihre Liebesbeweise extra aufs Wasser zu fahren, ging es mir durch den Kopf. Na, ja, vielleicht waren das für einige die nicht möglichen Gondelfahrten in Venedig, dachte ich weiter. Unsere Würstchen brutzelten, da, plötzlich ein Schatten neben uns: „Prosime, pani, riby!“ Und der Schatten stellte einen großen Teller mit Fisch neben meinen Sessel. Nicht irgend einen Fisch, nein, es war ein herrlicher Karpfen, enthäutet und filetiert. Und von der anderen Seite erhielten wir noch einmal dasselbe. Wir saßen genau in der „Ausfahrschneise“ ihrer Kähne, die zu später Stunde zum Fischen auf den See fuhren.
„Du, das ist Schweigegeld, daß wir die nicht verpetzen!“
Wir verpetzten sie auch nicht die nächsten Abende und wir belehrten sie auch nicht über ihre illegalen Handlungen. Wir lebten wie auf dem Berg mit der zerlaufenen Butter, jeden Tag filetierter Karpfen. Eines abends herrschte ungewohnte Ruhe, kein Dampfer in irgendeiner Größe segelte draußen herum, friedlich saßen die Zeltler vor ihren Hütten und

lebten von den unsicheren Vorräten ihres heimatlichen Konsums. Ein einziges Boot war draußen und kontrollierte die Bestände, mit einer Laterne, morgens waren sie wieder weg, abends belebte sich die Szenerie. Und alles begann von vorne.

Zwei Jungs aus der märkischen Heide, aus Plau am See, bauten ihr winziges Zelt auf, außer einer Badehose hatten sie nichts mit, weder eine Tasse noch ein Messer, ganz zu schweigen von Salz und Zucker. Meine mütterlichen Gefühle schlugen durch oder ich hatte meinen sozialen Tag, wir fütterten sie mit Karpfen vom Vortag und dazu gab es Büchsenbier. So hatten sie frühmorgens gleich ein Gefäß zum Trinken. Auch sie machten eine Kahnpartie, ließen die Hände ins Wasser gleiten und fingen mit bloßen Händen fünf Karpfen. Nun wurden wir Selbstversorger. Die Männer bauten einen Grill zum Drehen. Es wurde den ganzen Abend bis um Mitternacht gedreht.

Das war, als wenn die Butter in die Grütze lief. Das war vielleicht eine Grütze. Und wir mittendrin.

Mit dem Haus unterwegs

Auf Wohnwagen muß man studieren. Man kann nicht einfach hinten einen Hänger ankoppeln und losfahren. So ein Gespann ist immerhin ein Geschoß von ca. 8 Metern, damit muß man um alle Ecken kommen, über alle Kreuzungen, vorerst aber mal von dem Grundstück in der Bahnhofsstraße. In der riesigen Scheune hatte es unser fahrbares Haus den Winter über recht warm gehabt, die Spinnen hatten sich wohlgefühlt, die Mäuse aber das nebenan liegende Sarglager bevorzugt. Dort standen seit Jahrzehnten zwei Särge für den methusalemischen Sargtischler und seine Frau. Beide waren ganz aus dem Häuschen, wenn endlich einer zu ihnen kam und sie ihre alten Geschichten loswurden. Immer wieder durften wir die Särge begucken und begutachten und wurden jedes Mal aufgeklärt über die Bestattungen von früher und die Gangstermethoden von heute. Unsere Zuhörbereitschaft war die einzige Möglichkeit gewesen, ein Quartier für Herrn Schmidt zu organisieren. Ja, der nun hinten am Auto hing wurde auf den Namen "Herr Schmidt" getauft. Für ihn öffnete Onkel Richard mit einem riesigen Schlüssel eigenhändig das schwere Tor der Scheune und demonstrierte mit dem Gewicht des Schlüssels die Sicherheit. Hundert weitere Sicherheitsvorkehrungen an unzähligen Türen und Toren mußten bewältigt werden. Wer hier einbrechen wollte, brauchte Zeit. Die Geschichte mit den Särgen baute mich enorm auf und erinnerte mich an die Vergänglichkeit des Lebens. Vorsichtig fahren, jetzt mit Herrn Schmidt hintendran. Nicht übermütig werden. Aber der Chauffeur wird das schon meistern.

Mit einem Stab sprang ich auf die Straße und versuchte den Verkehr zu unseren Gunsten zu regeln. Endlich draußen, weit weg vom Sarglager, aber durchgeschwitzt. Nun stand der Wagen vor dem Haus. In einigen Tagen war Ostern, eine Testfahrt stand bevor. Für die drei-vier Tage sollte ich nicht die halbe Wirtschaft einpacken. Im Vordergrund stand die Ernährung. Wo wir hinwollten, lutschten sie seit der Vertreibung aus dem Paradies am Daumen. Wie ein verrückter Gummiball war der leere Wagen hin und her gesprungen, Kisten mit Kartoffeln, Mohrrüben, eingeweckten Rouladen, Brause und Bier sollten abhelfen. Also hungern und dursten wollten wir in Polen nicht. Und schon gar nicht auf der Testfahrt zu Ostern. Und da man zu dieser frühen Jahreszeit nicht wußte, ob es hagelt, regnet, schneit oder die Sonne scheint, packte ich die einschläfernde Tagesliteratur der vergangenen Wochen dazu.

Gründonnerstag, mitten in der Nacht, gingen wir auf große Fahrt. Durch die Einweckgläser lag der Hänger fast wie ein Brett, jedenfalls hüpfte er nicht wie vorher. Nach einer Stunde hatten wir uns daran gewöhnt, daß immer einer hinter uns herschlich. Aber Herr Schmidt verweigerte uns den Blick in den Rückspiegel. Hier sahen wir nur ihn, den übrigen Verkehr erfaßten wir nur durch die Seitenspiegel, Marke Eigenbau. Diese Seitenspiegel waren eine Eigenkonstruktion aus den größten Rasierspiegeln, dic dcr Handel zu bieten hatte. Jahrelang konnten wir die Phantasie anderer Camper auf den Campingplätzen bewundern. Und sollte der Hänger irgendwo längere Zeit unbeaufsichtigt auf Marktplätzen oder Straßen abgestellt werden müssen, so empfahl es sich, die Konstruktionen abzuschrauben und sicherzustellen.

Es wurde in einer Tour gepicknickt, Kaffee gekocht, auch abgewaschen, geschlummert, immer mit dem Gefühl, es kann uns ja nichts passieren, wir haben unser Haus dabei.

Am späten Nachmittag kam Müller ins Gespräch. Müller war für unser Städtchen praktisch der Erfinder des Wohnwagens. Jedenfalls besaß er einen Urtyp, massiv aus Holz gebaut, eine „windschnittige“ eckige Gartenlaube auf Rädern, die es nicht erlaubte, eine vorwärtsbringende Geschwindigkeit einzuschlagen. Müller verteilte kostenlos Ratschläge, war viel mit seiner Laube unterwegs und kannte Gott und die Welt soweit es unsere besorgten Gesetzesgeber zuließen.

„Werner,“ sagte er, „und wenn die Sonne noch so schön scheint, plötzlich ist die Nacht da. Such im Hellen einen Platz zum Übernachten. Nicht erst anfangen, wenn es dunkel ist. Du glaubst gar nicht, wo du landest.“

Unser Campingplatz sollte doch wohl noch zu erreichen sein. Der Ort hieß Kudowa-Stroi, auf der Karte war er eingetragen. Immer wieder brachte ich die Prophezeiungen von Müller ins Gespräch, aber ich predigte tauben Ohren. Kudowa-Stroi schlief schon, eine einsame Later-

ne erhellte das auf uns zukommende Drama: eine Strippe quer über die Straße gespannt, daran eine rote Fahne, dahinter ein breiter Graben. Es folgte nach dem ersten Schreck - was machen wir nun? - eine hitzige Diskussion. Nach der im Moment nicht zu lösenden Schuldfrage wurden praktische Erwägungen verlangt. Im Dunkeln versuchten wir ziemlich lautstark den Hänger abzukoppeln, zu Hause hatten wir das bei Sonnenschein probiert, da ging das.
Böse Gedanken vernebelten mein Gehirn, ein bißchen plumerant wurde mir wegen der Aufregung auch schon, ich verwünschte fast den Caravan, wenn ich an mein schönes Bett zu Hause dachte, aber in dem Augenblick, als ich meine aufgestauten Gefühle loslassen wollte, stand plötzlich ein fremder Mann neben mir und gab Zeichen. Was wollte der? Wo kam der her?
„Ich Master of Bau," parlierte er fast international, zeigte auf die entstehenden Neubauten, soweit sie von der Laterne erfaßt wurden, und schleuste uns durch das Baugelände. „Sto meter," und gab das Zeichen zum Schlafen. „Camping? Schißkojenno, nix camping, Mapa (Karte) nix dobre."
Wir standen erstmal, und wir fühlten uns angesichts der Hilfe fast sicher. Und schliefen fleißig in den Tag hinein. Endlich rollte einer die Vorhänge hoch, und was sah er? Haufenweise promenierten die Kurgäste mit ihren Trinkkannen um unser fahrbares Haus, das mitten im Kurpark stand. Sie amüsierten sich mehr als wir, wir warteten fast auf die Polizei, die sich bei uns schon Blasen an die Finger geschrieben hätte.
Den eingetragenen Campingplatz fanden wir nicht, auch nicht im Hellen, er sollte erst eingerichtet werden. Auf nichts war mehr Verlaß.
Die zweite Testfahrt ging in die CSSR, zu Pfingsten sollte unsere Galle für einige Tage in Marienbad mit Quellwasser gewaschen werden. Anfang Juni... kurze Hosen und Sandalen... viel mehr brauchte man nicht. Beim Frühstück fingen wir an zu frieren und sahen zu wie der Campingplatz so sachte zuschneite. Alles Grüne war weg, alles war weiß wie im tiefsten Winter. Und wir in hochsommerlicher Laune mit entsprechender Kleidung. Den ganzen Tag fuhren wir mit dem Auto in der

Gegend rum, das Auto war der einzige warme Fleck, bibbernd saßen wir abends im Wohnwagen, tranken abwechselnd Tee und Grog. Kriegten rote Nasen und staunten wie die übrige Welt den Kälteeinbruch in den vielen Zelten überstand.
„Habt ihr keinen Blumentopf?“ na, wir hatten allerhand mit aber den nun gerade nicht. „Ja, man merkt, daß ihr noch nicht lange auf der Walze seid. Mit einem Blumentopf heizt man sich die Bude ein.“ Und er erklärte uns wie es gemacht wird.
Neben Karlsbader Oblaten organisierten wir anschließend einen Topf aus Ton, stellten den umgekehrt auf die Gasflamme und hatten in Nullkommanichts ein warmes gemütliches Stübchen. Diese Wärmequelle empfahlen wir zu Hause allen denen, die in einer eiskalten Küche abwaschen mußten und sonst mit der Backröhre einheizten. Das war die zweite Lehre aus den Testfahrten. Wir reisten nun immer mit Blumentopf.
In den vielen Jahren dieser elementaren Reisen lernten wir, mit wie wenig Dingen der Mensch leben kann und was er nicht unbedingt braucht, um glücklich zu sein. Was hatten wir zu Hause alles für unnützen Kram. Was hatte sich dort angesammelt, sei es zur Dekoration oder zur einmaligen Benutzung an hohen Feiertagen. Und doch war ich überglücklich nach Wochen einfachster Lebensweise zu Hause vom Teller bis zum Besteck alles in doppelt und dreifacher Ausführung zu haben.
Ganz zünftig standen wir meistens um Mitternacht in der Nachbarstadt unter einer Laterne und stärkten uns mit Trockenbrot und Käsescheiben in der Hand für die glückliche Heimkehr. Dort schaltete mein Mann im ganzen Haus das Licht an, öffnete alle Schranktüren und ließ das Wasser laufen. „Komm mal schnell rein,“ rief er. „Hier müssen ganz feine Leute wohnen. Die haben überall elektrisches Licht, das Wasser kommt aus der Wand. Und die Schränke sind das reinste Schlaraffenland. Wieviel Tassen die haben ...“
War mir das vor dem Urlaub eigentlich aufgefallen?
Wir haben viel gelernt, wie extrem anpassungsfähig man werden kann wenn man es will oder muß, wie extrem bescheiden andere Völker Urlaub machen können, wie man sich gegenseitig helfen kann, wie man

improvisieren lernt, was man alles abgeben kann, wie man die Mitcamper verpflastert und gesund kuriert ...
Eins haben wir nur schwer begriffen, nämlich beizeiten den Platz zum Übernachten zu suchen. Wir fanden uns morgens in einem Zigeunerlager wieder, lebten aber noch und die Räder waren auch noch alle dran, wir waren vor Abraumhalden, in Kiesgruben, auf stillgelegten Fabrikhöfen, kurz vor Straßengräben und an Bahnübergängen, wo alle naselang geklingelt wurde. Jedesmal dachten wir an Müllers Mahnung, wollten es nächstes Mal besser machen, „Doch der Platz muß gleich kommen," und schon war es dunkel.

Ausgesetzt

Die Tür schlug zu, und weg war das Auto. „Halt! Halt!“ schrie sie noch, aber das Auto war weg.

Da stand sie nun, die Gisela, mitten in der Nacht, mitten auf der polnischen Autobahn, mitten im Wald, da, wo sonst am Tage die vielen Heidelbeeren und Pfifferlinge angeboten wurden, jetzt aber kein Mensch war, nur sie, ohne Taschentuch und Ausweis, ohne einen Groschen, im durchsichtigen Flatterhemd, und Schuhe hatte sie auch keine an. Nun war guter Rat teuer. Ihr Holder war weg und hatte keinen Schimmer von seinem Verlust.

Was war passiert? Einer sollte fahren, der andere sich inzwischen für die nächste Tour hinten im Caravan ausruhen. Das Schlafen hinten war eigentlich verboten, aber die Polizei war weit weg. Der Wagen hielt an, auch Gisela sprang aus ihrem Bett und ran an den nächsten Busch, dabei verpaßte sie den Anschluß.

Kluge Leute, die es immer gibt, werden nun fragen: Warum hat sie sich beim Rauschen des Wasserfalls nicht bemerkbar gemacht. Ja, das fragte sie sich nun hinterher auch. Sie hatte davon ebenso wenig eine Ahnung, wie der liebende Gatte, der in Richtung Oppeln ohne sein geliebtes Weib in den Urlaub fuhr und sie sicher im kuscheligen Bett zwischen der Spüle und dem Küchenschrank wähnte. Sollte sie nun schreien? Was sollte das nützen. Das lockte höchstens übernachtende Pilzsucher aus dem Wald an. Todesmutig stellte sie sich auf die Autobahn und wedelte mit dem recht kurzen Hemd. So wollte sie es machen, falls zu dieser unchristlichen Zeit ein Fahrzeug hier aufkreuzen würde. „Lieber Gott, hilf mir, ich will nie wieder falsch Zeugnis reden wider meinen Nächsten,“ betete sie und dachte dabei an die unterhaltsame Geschichte, die sie sich vorhin beim Fahren für ihren Herzallerliebsten über eine Nachbarin ausgedacht hatte.

„Lieber Gott, laß es keinen Mörder sein, der hier anhält und auch keinen ausgehungerten Sexprotz. Schick mir einen verständnisvollen Mitmenschen, der sich selbstverleugnend für das schwache Geschlecht einsetzt.“

Lange schon hörte sie diesen Mitmenschen. Über diese Heidelbeer-

und Pfifferlingsidylle knatterte und röhrte mitten in dieser nächtlichen Stille ein Motor. Ein Auto war das nicht. Gisela sah plötzlich ein Licht, das Licht von einem Motorrad. Also, der hatte was drauf, der fuhr mehr als er durfte.

Ein Stoßgebet an den lieben Gott, eine Danksagung für ihre Beerdigung, ließ sie auf die Straße springen und mit dem kurzen Hemd wedeln und Zeichen geben. Das Knattern war weg und auch das Röhren. Die Maschine hielt. Gisela verschlug es die Sprache. Seit ihrer frühesten Jugend war es ihr Traum gewesen, mit einer Jawa zu fahren. Selber wollte sie eine fahren, wegen der Ohren, dieser Sound, diese Musik. Nun stand da plötzlich einer mitten in der Nacht auf einer fremden Straße im Lederkostüm und lud sie ein aufzusteigen, nachdem er ihre Leidensgeschichte gehört hatte.

„Steich uff, Puppe.“ Das Flatterhemd beeindruckte ihn weniger, und er legte der zitternden Gisela seine warme Lederjacke um den Hals. Eng an den Retter geschmiegt, geklammert an einen völlig fremden Menschen, überdachte Gisela die allseits steigende Kriminalität, den Werteverfall, die Unmoral und das kapitalistische Gebaren, nur gegen bare Münze einen Finger zu bewegen. Was war das für ein Kerl, dem sie da ausgeliefert war, an den sie sich preßte, dessen Körperwärme in sie strömte und der ab und zu sagte: „Paß uff, Kleene, gleich ha'm wa'n!“ Und denn hatten wa'n. Die Jawa rauschte an dem Fiat vorbei. Sie stellte sich quer, nichts ging mehr. Mutig sprang Giselas Gemahl aus dem sicheren Fahrzeug heraus, von nichts eine Ahnung, aber durch serienmäßige Unterweisung im Fernsehen vorbelastet, ausgebildet auch durch das Jungvolk der Deutschen Hitlerjugend, konnte er endlich seine Mutprobe an dem Jawafahrer an den Mann bringen und dem einen ordentlichen Kinnhaken verpassen, ehe Gisela aus dem Hinterhalt auftauchte und die Sache klärte, wenigstens versuchte sie es. Beide standen über dem Retter in der Not und wedelten ihm frische Nachtluft zu. Sie klärten die Sache eine ganze Nacht in Oppeln bei Pivo und Grützwurst. Noch heute besuchen sie sich, angezogen, ohne Flatterhemd und Kinnhaken.

Ein Malheur kommt selten allein

Zehn Männer stehen am Auto und fragen sich, warum das Ding nicht anspringt. Es ist unser Auto, Alfred ist infolgedessen stark an der Aufklärung interessiert. Aber die andern neun beraten in der Landessprache, und wir sind auf einem Campingplatz der Slowakei. So wie einer seine Meinung verkündet, schütteln die andern mit dem Kopf. Nun ist es heraus: Der Unterbrecher ist es, der ist kaputt. Ich habe als technischer Pflegefall von all dem keine Ahnung und weiß zum Beispiel auch nicht, was man da alles unterbrechen kann. Aber dieses entstandene Klima kann eine Beifahrerin je nach Temperament anheizen:
„Ach, nun wird es wohl nichts mit dem Jahrmarkt?"
„Du hättest doch wirklich mal zu Hause nachgucken können!"
„Wie kann man so eine weite Reise machen und nichts funktioniert!"
„Haben wir so was im Werkzeugkasten?"
Diese Anteilnahme ist eine echte Beruhigungspille, und sie treibt den Blutdruck in astronomische Höhen. Der Siedepunkt ist schnell erreicht. Im Gegensatz zu der vorangegangenen Beratung versteht er jetzt jedes Wort.
Frauen der unbefleckten Autoempfängnis stimmen sich besser auf die Gefühle des Autofahrers ein, sie verstehen ihn und drücken das so aus: „Das ist vielleicht 'ne Scheiße!" Nun sinkt einem der andere an die Brust und stöhnt: „Das kannste laut sagen!"
Das ist schon die halbe Miete und garantiert, man kann nächstes Jahr wieder mitfahren.
20 Kilometer vom Platz ist eine Autowerkstatt, einer von den neun Aufrechten will im Laufe des Tages da vorbeifahren und einen Unterbrecher mitbringen. Abend, spät Abend könnte es aber werden. Schleppend vergeht der Tag, es will keine rechte Stimmung aufkommen. Weder eine Kahnpartie noch ein lukullisches Fresserchen interessieren. Am späten Nachmittag wird Alfred unruhig. Stundenlang fixiert er mit dem Feldstecher die Landstraße und wartet auf den Retter in der Not. Er ist extra auf einen Hügel gestiegen, wegen der besseren Aussicht, sagt er. Nun thront er da oben und gibt Zeichen. „Der kommt! Der kommt!" Wie Rumpelstilzchen springt er von einem Bein auf das

andere. Bei einem andern Mann würde ich denken der spinnt. Aber meiner freut sich eben so, ich spüre förmlich wie sich sein Nervenkostüm wieder festigt.

In Nullkommanichts stehen die Männer wieder an der geöffneten Motorhaube. Mir ist schleierhaft, woher die das sofort wissen. Die Männer scheinen dafür einen siebenten Sinn zu haben, es muß sie anturnen, in einem Auto rumzustochern und den andern zu zeigen, daß sie die vielen Leitungen unterscheiden können und auch wissen, warum die da drin sind.

Frauen kennen sich eher im Geschrei kleiner Kinder aus und ahnen, ob sie einen Knopf verschluckt haben oder bloß nicht ins Bett wollen.

Jedenfalls ist der Unterbrecher nun da, und er paßt natürlich nicht. Er sieht genauso aus wie der alte, aber er ist seitenverkehrt, sozusagen linksrum. Also Unterbrecher ist nicht gleich Unterbrecher. Nun haben wir den Salat, guter Rat ist nun teuer, man sagt am besten gar nichts und enthält sich der Stimme.

Es wird eine wühlerische Nacht. Mit seinen langen Beinen landet Alfred einen Volltreffer im Küchenteil des Wohnwagens, und der polternde Teekessel reißt ihn aus seinen Alpträumen. „Du, ich bau den um!" und ich weiß sofort, er meint den Unterbrecher.

Kleinlaut wage ich zu fragen: „Ja, kann man denn das?"

Mit angestrengtem Gesicht, die Stirn in Falten gelegt, beweist er mir das nach dem Frühstück. Vor ihm liegt der „linksrumme" Unterbrecher, gebettet auf ein Frühstücksbrettchen, in der Hand hält er unser kleines spitzes Kartoffelschälmesser.

Die Metamorphose beginnt, ich verkrümele mich nach draußen, ganz still hocke ich vor der Tür und erwähne auf gar keinen Fall den heutigen Jahrmarkt, stör ihn nicht durch Essensangebote, gebe keinen Wetterbericht. In stiller Andacht rechne ich dem lieben Gott vor, wie oft wir anderen Leuten schon aus der Klemme geholfen haben. Nun könnte er schließlich mal was für uns tun. Jetzt wären wir mal dran.

Nach bangen Stunden der Hoffnung hatte er auch ein Einsehen. Alfred trennt sich von seinem Frühstücksbrettchen, erhebt sich von seinem Erfindersitz und tritt in die Nachmittagssonne. Und nicht, daß er die Sache nur umgedreht hatte, nein, das Ding paßt auch, der Wagen springt an. Mein Lob ist echt und ehrlich, aber ich wiederhole es hundertmal, so hat er es gerne, dann repariert er im Notfall auch wieder. Die Rückreise beginnt, bei glühender Hitze verbrennen die Pfirsiche auf der Hutablage, abends plätschern wir mit den Beinen in der Weichsel und beobachten eine polnische Schulklasse, die zehn kleine Zelte aufbaut. Wie brav die hier sind, und wie ruhig es hier ist...

Eine wunderbare Ruhe, aber es ist die Ruhe vor dem Sturm.

Nachts bricht ein Orkan los, sintflutartig schüttet der Himmel sein Wasser über uns. Die Zelte brechen zusammen, die Kinder retten sich mit ihrem Lehrer in die Toiletten und schreien nach Vater und Mutter. Der donnernde Regen findet auch bei uns überall Ritzen, es wird feucht und schließlich naß. Morgens sind die Kinder weg, wir stehen ganz alleine auf dem Platz, die Weichsel ist bedrohlich nahe gekommen, wir stehen in einem riesigen See. Kein Campingwart weit und breit zu sehen.

Das Wasser quietscht durch die Zehen. Das Nervenkostüm, gerade erholt, ist erneut einem Zusammenbruch nahe. Wie kommen wir aus dem Wasser raus? Wer soll uns helfen? Der nächste Ort ist meilenweit weg!

Alfred gibt sich ganz der Katastrophe hin, ihm schwimmen alle Felle weg und im Geiste auch sein Wohnwagen. Von dieser Weltuntergangsstimmung getrieben, greife ich zur Selbsthilfe. Ich wage den Kofferraum zu öffnen, suche nach einem Hammer, stürme auf den Lattenzaun zu und schlage wie eine Irre auf die Latten. „Bist du jetzt verrückt geworden? Hat's dich jetzt erwischt?"

Langsam dämmert es ihm, warum ich auf die Latten schlage und die losen Bretter staple. Wortlos lege ich sie vor die Autoräder, in solchen Mengen, daß die Räder aus dem Wasser kommen und auch den Hänger herausziehen können. Legen, ziehen, fahren, ... legen, ziehen, fahren, ... legen, ziehen, fahren, ... Und endlich stehen wir im Trocknen. Wir haben es geschafft.

Die Bretter nageln wir so weit es geht wieder an, die mit den krummen Nägeln stellen wir scheinheilig daneben. Zur Beruhigung schieben wir dem Campingwart einen Zehnmarkschein hinter die Scheiben seines Häuschens.

Allmählich beruhigt sich der Kreislauf, ein erstes Gespräch kommt in Gang. „Mit dir könnte man direkt auswandern!“ ist das höchste Lob aus seinem Mund. „Sogar nach Australien. Für die Wildnis bist du richtig geeignet ...“ „Unser jetziger Kaiser hat aber was dagegen, der läßt uns vorläufig nur in den wilden Osten und nur mit doppelt-und-dreifachen Anträgen.“ Und ganz nebenbei wage ich ihn daran zu erinnern, daß ich zu Hause auch schon immer für das “Grobe” zuständig war. Beim letzten Bauen schleppte ich die Bretter und die Steine von einer Stelle zur andern und er betupfte mit dem Tuschpinsel den neuen Kamin. Eigenartigerweise brauchte ich täglich solche Muskelspiele, sie regten meinen Kreislauf an und brachten mich zum Schwitzen. Der Schlagabtausch mit dem Bretterzaun war nach den faulen Urlaubstagen eine Wohltat für mein Gemüt.
Es trieb uns nach Hause, das Pferdchen roch den Stall, einmal in Gang gekommen, fuhren wir durch.
Alfred spendierte frühmorgens frische Schrippen vom Bäcker und verkündete die neuesten Nachrichten: „Du, wir haben einen Platten.“ Genau vor der Haustür hatte es uns erwischt. Nun hier zu Hause konnte es uns egal sein. Trotzdem schickte ich ein kleines Dankeschön zum Himmel.
Alfred deklarierte das anders: „Das ist, weil ich dem Campingfritzen den Zehnmarkschein durch das Fenster geschoben habe. Ich brachte das nicht fertig, so ein armes Schwein zu betrügen. Das zahlt sich mitunter aus.“
Ist doch gut, wenn man einen edlen Menschen in der Familie hat.

Das Klassentreffen

„Hallo! Bist du da? Wir sind alle hier, hier im Schnatterloch. Hörst du uns? Erika ist da, Helga ist da, Werner ist da, Hannchen ist da, Harri ist da, Bubi ist da, Hans - Joachim ist da, Karlchen ist da. Soll ich die mal herholen? Bloß du fehlst mal wieder. Mann, die haben schon alle einen ordentlichen sitzen! Und nächstes Jahr wollen wir alle zu euch kommen. Reich mal die Papiere ein. Wir schreiben dir vielleicht nachher noch eine Karte. Tschüß, dann."

Mann, das war wirklich ein Geschnatter wie früher in der Schule, und dann so kurz vor Mitternacht. Zwei Tage später erreichte mich die Karte, zwanzig hatten sich darauf verewigt, und alle zwanzig wollten hierher kommen.

Entweder war ich gründlich, weil ich als Preuße erzogen wurde, oder ich war schon wieder gründlich, weil ein DDR - Bürger nicht darum herum kam, gründlich zu sein. Er hatte stets seinen Ausweis bei sich zu haben, um sich jederzeit ausweisen zu können, er hatte immer seine Papiere griffbereit, wie ganz früher bei Fliegeralarm, und so legte ich als erstes eine Mappe an, um ein ganzes Jahr Namen und Adressen zu sammeln. Nicht nur die Adressen der Einreisewilligen, ich sammelte auch ihre Ausweisnummern, ihre Reisepaßnummern, ihre Tätigkeit in beruflicher Hinsicht, wen sie noch mitbringen wollten, was der war, wo der arbeitete, ob sie mit mir verwandt waren, warum sie mich besuchen wollten, wie lange sie in diesem Lande bleiben wollten, wo sie wohnen wollten, ob sie früher schon mal in der DDR waren, ob sie nach 1945 diesen Landstrich verlassen hatten, ob sie noch andere Verwandte hier hätten ... und ein ganzes Jahr strengte ich meinen Grips an, jeden Punkt gewissenhaft zu beantworten.

Der Briefwechsel wuchs ins Uferlose, aber unsere Post hatte damals zivile Preise, ein Brief für 25 Pfennig. Aber immer wieder dieselbe Anfrage; Was willste denn noch alles wissen? Brauchste noch einen Impfausweis oder Taufbescheinigung? Willste wissen, ob ich schwul bin? Ob mein Bruder in den Puff geht? Mit wieviel Promille ich schon mal Auto gefahren bin?

Die zwanzig Einreiseanträge erregten ziemliches Aufsehen. „Haben sie

Silberhochzeit oder Jugendweihe?“ Aber ich bekam die Anträge, und weil doppelt genäht besser hält, bekam ich sie zweimal. Und zum Verschreiben noch einige zusätzlich. „Wenn das Geld im Kasten klingt, die Seele in den Himmel springt.“ So dachte ich. Unser devisengeiles Land ließ für 25 Westmark Tagessatz alle rein. Die 40 Anträge stellten das gesamte Abendprogramm seitens Fernsehen in den Schatten. Wochenlang war ich damit beschäftigt, die winzigen Spalten gewissenhaft auszufüllen. Dann wartete ich mit einer mittleren Einkaufstasche bei der Polizei und hoffte auf gnädiges Entgegenkommen. Nach sechs Wochen war alles durchleuchtet, und die Einreisegenehmigungen konnten per Einschreiben verschickt werden. Mit dem Aufgebot vieler hiesiger Freunde und Verwandten war für jeden ein Bett da, und drei Tage schmurgelten für uns die leckersten Sachen in den Pfannen.
In die Schule durften wir nicht: Da sei Gott vor – sprich der Kreisschulrat ... Anordnung von OBEN .. und so frischten wir unsere Erinnerungen im Stadtpark auf. Noch immer luden die herunterhängenden Zweige der Trauerweiden zum Schaukeln ein, jeder vermißte die Liebeslaube mit den ersten ausgetauschten Küssen, und der Bäckerladen war zugemauert, ein Blumentopf stand da, wo früher die Cremeschnittchen das Taschengeld schwinden ließen.
Sie trieben es auf die Spitze und ließen den Urschleim durch die Nase ziehen. Sie stiegen durch die uralten Hausflure und zeigten ungeniert den Stall ihrer Herkunft. „Sagenhaft, diese ausgelatschten Treppen, und heute brauchst du einen beheizten Swimmingpool im Keller!“ lästerte Anni. „Was, hier kommst du her und heute wirst du von Weizsäckers eingeladen?“ schäkerte Anneliese.
Spiel und Spaß - wie schön war das. Und abends, als es dunkel war, erschien einer ganz geheimnisvoll und setzte sich in eine schwer einzusehende Ecke der Gaststätte. Als führendes Mitglied der Nationalen Front hielt er es für geraten seine Freundschaft zum eigentlichen Klassenfeind nicht so an die Öffentlichkeit zu bringen. Alle wollten wiederkommen.
Und sie kamen wieder, und sie kamen in eine ganz andere Welt. Der Termin wurde per Rundschreiben festgelegt, ohne Polizei und Grenz-

kontrolle, ohne Einreisegenehmigung und die Nationale Front war auch ausgeblendet. Hotelbetten gab es inzwischen in Hülle und Fülle, und die Gaststätten schmurgelten nun, was das Zeug hielt. Aber in die Schule kamen wir wieder nicht. Da war Gott vor, sprich Hausmeister. Der Hausmeister hatte da fürs Wochenende klare Vorstellungen. Da könnte ja jeder kommen, was sagt denn die Gewerkschaft dazu. Das wird nicht bezahlt. Wir haben da unsere Anweisungen. Auch die Frau Meestern, die Hausmeistersche bekräftigte das sonntagmorgens mit Kittelschürze und Lockenwicklern. „Wir wissen von nichts, wir lassen ihnen nicht rin. Der Direktor hat nischt jesacht. Wo der wohnt? Det wissen wir nich." Und so zeterten sie und leiser Schmutz legte sich auf unsere Gemüter. Tatsächlich hatte das Sekretariat trotz mehrmaliger Nachfrage und Anmeldung den Besuch vergessen. Und im heimatlichen Dialekt kam schließlich raus: Die sollen uns mit ihrer dämlichen Schule gern haben. Wir wollten einen Förderverein gründen, um unserer Penne auf die Beine zu helfen. Nun ist der Ofen aus.

So hat alles seinen tieferen Sinn, früher hatte die Partei immer Recht, heute sorgt die Gewerkschaft für strenge Einhaltung der Wochenenden, überall reden die Frauen mit wegen der Quoten, die Reichen bleiben auf ihren Notgroschen sitzen. Ist doch alles prima geregelt. Kann man nichts sagen. Aber sicher denke ich da wieder nicht ganz richtig.

Von der Etsch bis an den Belt

In den zwanziger Jahren fuhr er Rennen - im weißen Lederdress mit weißer Lederkappe.
In den dreißiger Jahren fuhr er mit Elli in die Flitterwochen, im offenen Sportwagen nach Davos - rote Ledersitze und weiße Speichenräder.
In den vierziger Jahren schickte man ihn quer durch Europa auf Tournee, im mausgrauen Kübelwagen mit Kochgeschirr und Stahlhelm umkreiste er die Schweiz. Elli hütete derweile an der Heimatfront die Kinder.
In den fünfziger Jahren hatte er es schon wieder zu einem Hackenwärmer gebracht, das war ein Fahrrad mit Seitenmotor. Auf der Suche nach Kalorien für den Grundumsatz jonglierte er mit diesem Hühnerschreck über die Dörfer, mit der Milchkanne im Rucksack.
Auf so einer Tour nahm das Glück seinen Lauf, das Schicksal meinte es gnädig mit ihm und bescherte ihm das Fragment eines Autos.
Unter Stroh versteckt dämmerte es so vor sich hin, träumte von vergangenen Zeiten und wartete auf seine Auferstehung. Zahllose Einschüsse wiesen ihn als Kriegsveteran aus. Er war ein Vorkriegsmodell aus den Restbeständen der deutschen Wehrmacht, ein alter Opel, dessen Innenleben weder von den Mäusen noch den Hühnern respektiert wurde. Das Chassis war noch zu erkennen, ein Pferdegespann bugsierte die alte Klapperkiste in eine heimatliche Werkstatt, damals noch Privatbetrieb, nennen wir ihn Auto-Lachmann.
„Det soll'n Auto wer'n? Det jlo'm se doch woll selba nich!“
Doch die Firma Lachmann brachte das Kunststück fertig, nach einem Jahr steuerte eine vollkommen aus dem Häuschen geratene Familie mit dem neuen Vehikel den Campingplatz von Bansin auf Usedom an.
Solchen Platz nannte man damals noch Zeltplatz, dieses echte deutsche Wort erfaßte hunderte von Zelten einfachster Bauart, meist schon etwas morsch und ausgeblaßt, geradeso über den Krieg gerettet, feierten sie fröhliche Auferstehung mit vorsintflutlichem Holzgestänge.
Mannigfaltige Vorbereitungen waren dieser Fahrt vorausgegangen. Ellis Küche stand wochenlang unter dem Motto: Kampf dem Hungertod im Urlaub. In einer beispiellosen Kampagne wurde alles was Feld, Wald

und Wiese hergab, eingeweckt, verlorengegangene Beziehungen aufgefrischt und manch einer daran erinnert, daß man noch etwas gut bei ihm hatte. Auch ein heiratswütiger Bauer, dessen Zähne sich beim Poker um die Braut gelockert hatten, wurde in die Pläne des Überlebens mit einbezogen. Die Sanierung seiner Frontansicht brachte Elli selbstgemachte Leberwurst und Buletten, sie machte Hackepeter und Hausmachersülze. Stoßsicher verpackten sie das wertvolle Einweckgut in eine große Holzkiste, eine zweite füllten sie mit Kartoffeln, Zwiebeln und Kohl und ab gingen die Fressalien nach Bansin ... bahnlagernd.
Generalstabsmäßig füllten sie den Leporello mit den Utensilien der kommenden Wochen, mit Decken, Kissen, Töpfen, Zeltplanen. Auch eine Angel hatten sie sich geborgt. Sie sagten sich, wo Wasser ist, da sind auch Fische, man würde ja sehen. Irgendwie paßten sie alle noch in die Zwischenräume, mit Drehen und akrobatischen Verrenkungen, und den Rest schafften die Stoßdämpfer. Die schuckelten alles zurecht.
In Hochform starteten sie an die See.
Anfangs ging der Wagen ein bißchen in die Grätsche, er war nicht ausgerichtet für vier Personen mit Haushalt. Bei Tempo 60 fing er an zu flattern, alle hielten die Luft an, aber dem Vater als früheren Rennfahrer strömte unbedingtes Vertrauen entgegen, hatte er doch seit Jahrzehnten Erfahrung in jeder Lebenslage und überall in Europa, von der Maas bis an die Memel, von der Etsch bis an den Belt. Der Wagen hielt, was die Werkstatt versprochen hatte. Kein weiteres Gefährt war auf der Autobahn zu sehen. Erst als sie die gewöhnlichen Landstraßen befuhren, begann der Streß. In Pasewalk und Anklam hatten die Radfahrer keine Ahnung von einer Straßenverkehrsordnung und lebten noch streng nach dem Aberglauben der Gegenwart, der da sagt, daß das der Glaube an die Vorfahrt sei.
Und ausgerechnet jetzt wurde Elli als Hilfsfahrer eingesetzt. Der vordere rechte Richtungsanzeiger war ausgefallen, er sollte vorn am Fenster herausschnellen, wenn sie rechts um die Ecke biegen wollten.
Elli übernahm den Part, kurbelte laufend das Fenster herunter und regelte den Verkehr auf altdeutsch, das heißt per Hand. Nach jahrelanger autoloser Zeit hielten das einige Verkehrsteilnehmer für eine freund-

liche Geste und winkten zurück. Die angespannte Lage versuchte Elli durch wortreiche Erinnerungen zu untermalen. „Kannst du dich noch an die roten Ledersitze erinnern? Kinder das war ein Auto, als wir damals in die Schweiz fuhren. Ich hatte einen Hut auf. Und zu essen brauchten wir auch nichts einzupacken. Euer Vater fuhr wie ein junger Gott."
Der nun etwas in die Jahre gekommene Gott bekam schwitzige Hände und erreichte mit Müh und Not Bansin.
Hier in Bansin besserten sie mit einem fürstlichen Trinkgeld das Einkommen des Herrn über Strand, Erdlöcher, über Sonne, Sand und Schatten auf. Vorne in der ersten Reihe saßen sie, hatten eine herrliche Weitsicht und den Wind aus erster Hand. Und als das Zelt stand, entdeckten sie mit gemischten Gefühlen die fadenscheinige Struktur. Hier im hellen Sonnenschein hatten sie den richtigen Durchblick. Aber noch schien ja die Sonne. Mit einer alten Wäscheleine begrenzte Elli ihr Territorium, richtete die Betten ein und verteilte den übrigen Haushalt in die Kuscheln. Den Rest der Familie schickte sie zu den bahnlagernden Buletten.
Die waren wie durch ein Wunder auch am Bahnhof angekommen. In der damaligen fett- und fleischlosen Zeit, wo von amtswegen die Kalorien berechnet wurden und man dazu noch keine Illustrierte brauchte, grenzte das fast an ein Wunder. Es herrschte noch Ordnung bei der Deutschen Reichsbahn. In den Zügen saß man zwar gestapelt, geschichtet und gebündelt, aber der deutsche Eisenbahner hatte die Schlüsselgewalt über den Gepäckwagen. Da kam selten was weg. Und wenn, dann klaute man im großen Stil, gleich Waggon- und LKW-weise, keine halben Sachen. So blieben den Zeltlern die Buletten erhalten.
Sie wurden eingebunkert, ein riesiges Erdloch, mit Brettern abgestützt, um den nachrieselnden Sand zu dirigieren. Außer reichlich Sand gab es auch reichlich Wasser. Vor jedem Zelt brodelte es in riesigen Töpfen, Suppengrün und Knoblauch gaben dem Platz das Flair einer gesunden Lebensweise, unterbrochen durch den Gestank einer zu scharf gerösteten Einbrenne. Ein gebratener Fisch machte die Angler und die, die eine Angel mithatten, rebellisch. Sie verschwanden auf unbestimmte Zeit, erzählten den Zurückbleibenden viel von seidiger Luft und Anbeißen und versuchten die Ostsee leerzufischen.

Der Erfolg war nicht überall überzeugend. Entweder war die Pfanne zu groß oder die „Heringe“ zu klein. Aber die Margarine hatte einen wunderbaren Fischgeschmack, oder aber man verlängerte die ganze Geschichte mit Einbrenne zu einer extraordinären Fischsoße.
Besorgt schlug man nun auf die andern Häringe, dunkle Wolken kündeten ein nahendes Unwetter an. Im Bruchteil von Sekunden verselbständigte sich jedes Sandkorn und wanderte im Verein mit den andern in jedes Nasenloch, in jedes Ohr, in jede Tüte, in jedes Hemd. Alles wurde zugeschüttet, wieder aufgedeckt, neue Hügel entstanden, neue Landschaften. Zeltplanen flogen wie Ufos durch die Luft, torpedierten die noch standfesten Unterkünfte, die Holzgestänge brachen wie Streichhölzer. Der Leporellofahrer hing wie ein Klammeraffe am Dach der Behausung, und Elli schmiß sich schützend über ihre Speisekammer. Hatte sie hier vorne in der ersten Reihe unbarmherzig der Sturm zerrüttelt, so lief bei den anderen das Wasser quer durch die Wohnung. Eine Art Westwall sollte von nun an vor heranrollenden Massen schützen, die ehemaligen Kriegsteilnehmer zeigten, wie man Panzergräben aushebt und kamen noch einmal so richtig zum Zuge. Es zog sie nach der Beruhigung der Lage noch zu einem anderen Kriegsschauplatz. Es zog sie nach Zempin, hier war direkt am Strand der Abdruck eines Soldatenstiefels zu betrachten. Der in Gedanken versunkene Rekrut war quer durch die Abschussrampe gelatscht, und so, noch nicht abgebunden, verewigte er seine Stiefel wie die Hollywoodschönheiten in USA. Der Krieg war noch nicht lange vorbei, es zog die Leute immer wieder an den Tatort der zu erwartenden Wunderwaffe. Mit eigenen Augen hätten sie gerne die V2 gesehen, und Peenemünde war nicht weit weg. Anhand des Stiefelabdrucks spülte man Kriegserinnerungen hoch, einige erlebten ein platonisches Heldentum und marschierten im Geiste von der Maas bis an die Memel, von der Etsch bis an den Belt. Doch bloß kein Krieg mehr, aber ein bißchen gewinnen hätte man schon wollen.
„Elli, nun rück mal die Buletten raus“ hieß es tags darauf. Aber Elli saß da und weinte. Sie weinte bittere Tränen. Die Uraltbestände von Einweckgummi hatten den Belastungen der Nachkriegszeit nicht standhal-

ten können. Es gab mehrere Möglichkeiten, entweder waren die Gummis schon zu alt und brüchig, oder durch das Geschuckele im Gepäckwagen waren die Buletten rebellisch geworden, oder die Gläser hatten dem Gewitter nicht trotzen können oder von jedem ein bißchen. Ganz von alleine öffneten sie sich, verbreiteten einen bestialischen Gestank und mußten nun auch noch klammheimlich entsorgt werden.
Unmöglich konnte man sie in der Abfalltonne versenken.
Doch sie trösteten sich nach langen seelischen Bauchschmerzen, lieber einen bulettenlosen Ostseeurlaub als eine Sondermeldung über den Einsatz von V2-Waffen. Sie konnten in ihrer Kuhle das aufregende Buch von Ruth Krafft: „Insel ohne Leuchtfeuer" lesen und waren heilfroh, diese großen Kriegsgeschehen nicht mittelbar erleben zu müssen.
Sie wanderten nicht mehr nach Zempin sondern machten einen Ausflug in den Wald. Ein Menschenfreund hatte da ein Café eingerichtet, bei Fangel gab es die erste Friedensapfeltorte mit Muckefuck und mit ohne Sahne. Lange Jahre erinnerte das Rezept an diesen Urlaub: einfachster Rührteig, mit Apfelmus gefüllt. Hm, einfach lecker.

Rote Kirschen eß ich gern, schwarze noch viel lieber

Die Säge kreischte, der Baum schrie, mein Herz blutete. Eine Ära war zu Ende gegangen, die Ära der Schattenmorelle.

Ich saß neben dem zersägten Baum und überdachte mein Leben mit ihm, mit ihm dem Baum.

Nur durch einen Ringtausch war er unser Eigentum geworden, und durch die sonderbaren aber dennoch typischen Umstände dieses Ringtausches bekam er einen besonders gut vorbereiteten und exponierten Platz im Garten.

Am schwarzen Meer fing vor zwei Jahrzehnten alles an. Horst lernte beim Schwimmen einen Thüringer kennen, einen hoffnungsvollen baumträchtigen Gärtner. In der Bar von Nessebar kamen sie zu einem Deal, damals noch Tauschhandel, sie ließen beide ihre Verbindungen spielen. Kirschbäume gegen Rollschinken.

Zur Pflanzzeit fuhr Horst mit dem Rollschinken und mehreren Bratwürsten so ca. 300 Kilometer bis kurz vor die deutsch-deutsche Grenze, tauschte alles gegen drei Kirschbäume und verhökerte einen davon gegen eine Rheumasalbe aus dem Westen (Finalgon)an mich.

Alle waren zufrieden und glücklich. Der eine konnte endlich frühstükken, mein Baum wuchs an und trug reichlich Kirschen, und Horst salbte und mußte nicht mehr humpeln. Mein Baum wuchs und wuchs immer mehr in den Himmel.

Anfangs half die Stehleiter, aber der Baum war nicht zu bremsen. Man konnte ihn auch nicht erklettern wie einen Apfelbaum. Die BHG, Bäuerliche Handelsgenossenschaft, ließ sich auf kein Geschäft mit Leitern ein, sonst gab es nirgends welche zu kaufen. Auch für das Säubern einer Dachrinne rückten sie keine raus, wir wären schließlich keine Bauern.

Doch Gottes Wege sind wundersam. Durch einen Verkehrsunfall standen wir stundenlang an einem Gartenzaun und beobachteten die Obstpflücker. Durch zwei Kästen Exportbier konnten sie sich von einer Leiter trennen. Zwei weitere Nachbarn schleusten das sechs Meter lange Gestell quer durch die Stadt und für die Nachbarschaftshilfe hängt sie für alle erreichbar bei einem vierten an der Hauswand.

Als Horstens Rheuma Dauergespräch wurde, wurde auch der Baum

krank, beide waren nicht mehr die selben. Horst humpelte wieder, die Kirschen verschimmelten am Baum. Rheuma gegen Monilia. „Den müssen sie sofort absägen," hieß es, „der muß vernichtet werden, der steckt sonst alle anderen Bäume an."
Schützend wie eine Mutter stellte ich mich vor den Todeskandidaten, gab ihm eine Gnadenfrist, rettete ihn noch ein paar Jahre, aber selten reichte die Ernte für einen Kirschkuchen.
Die zündende Idee hatten wir diesmal nicht am Schwarzen Meer, nein, jetzt half uns der Gulaschkommunismus der Ungarn. Vom Plattensee führten wir eine lebenserhaltende Baumspritze ein. Nach der eigenen Kur spritzten wir den Baum gegen Monilia und Spitzendürre. Und zur Sicherheit auch noch gegen den amerikanischen Stachelbeermehltau. Doppelt ist besser als einfach. Der Baum dankte uns das, er blühte wie verrückt und sank danach zusammen wie ein Kartenhaus.
Von einer Westreise brachte ich statt Pullover und Kaffee eine Baumsäge vom Bauhaus mit. Ich wurde eine Radikale, alles wurde abgesägt, nur der Stamm blieb stehen. Er schlug wie verrückt aus, Blätter über Blätter, dann gab er endgültig den Geist auf und verschied, der Baum, mein Freund, Spender saftiger Kirschkuchen. Brennholz für den Winter. Mein Freund, der Baum ... der Baum, mein Freund ...
Wie durch ein Wunder hab ich jetzt im nahen Dorf Kirschbaumbesitzer kennengelernt, die froh sind, wenn ihnen einer bei der Ernte hilft und sich seine Kirschen selber pflückt. Ich staune, an jedem Baum steht eine Leiter. Aber sie hatten durch Gänse, Hühner und Hausschlachtungen auch regen Kontakt mit der BHG, die die Leitern verteilte. So regelt sich alles oder doch vieles von ganz allein, es hat alles seinen tieferen Sinn.

Zwei Gärtner am Straßenrand. Der eine schaufelt ein Loch, der andere macht es wieder zu. Fragt ein Passant: „Was macht ihr denn da?" „Gewöhnlich sind wir zu dritt. Aber der, der die Bäume reinsetzt, ist heute krank."

Die Neufünfländer entdecken TÜV und TUI

Rundreise mit Mittagstisch

Oh, ihr Götter, die ihr Nektar und Ambrosia schlürft und Manna eßt, endlich habt ihr ein Einsehen mit einem einfachen Sterblichen und schickt ihm eine irdische Köstlichkeit. Im Dorf war Jugendweihe, und der Kneiper hatte seinen Mastbullen geopfert. Die Kochkunst seiner Küchenhilfen und das in den Kneiper gesetzte Vertrauen ließen keinen Gedanken an BSE aufkommen. Das war alles weit weg vom Saal. Hier schwelgte man jetzt in Rouladen, Sauerbraten und Rinderfilet. Gierig gab ich mich anfangs meiner riesigen Roulade hin, schluckte aus Angst, einer könnte mir in letzter Minute das Essen durch aktuelle Berichte über das Fortschreiten der Seuche vermiesen, riesige Stücke, da aber in der Richtung nichts passierte, genoß ich die zweite Hälfte der Köstlichkeit intensiver, ließ Faser für Faser auf der Zunge zergehen, hatte auch keinerlei Schwierigkeiten mit dem Rotkohl. In Zeitlupe klatschte mein salatlastiger und mit Hühnerbeinen zwangsernährter Magen in die Hände und hoffte auf weitere Zufuhr. Aber nur die Soße konnte ich ihm bieten. Soße pur. Zum Auftitschen hatte die Köchin Klötze geliefert, sie allerdings sprach von Klößen. Mit ihnen konnte man die herrliche Soße vom Teller in den Mund befördern und dort genüßlich abschlecken. Nein, hier im Brandenburgischen hatten die Leute „nich so viel druff" mit Klößen. Bei der allseits bekannten Sprechweise der Brandenburger, an Eleganz nicht zu übertreffen, war aus dem Klotz der Kloß geworden, die Wortverwandschaft war nicht zu übersehen. Ich selber hatte auch keine direkte Beziehung zu den „Klötzen". Einmal versuchte ich mich an böhmischen Semmelknödeln, die man mittels Faden in dünne Scheiben teilen sollte. Sie entpuppten sich mehr als Zementpfähle, und wir schoben das auf unsere mangelhaften Sprachkenntnisse bei der Gebrauchsanweisung und auf die falschen böhmischen Mischungsverhältnisse und ihre sonstigen Zutaten. Wir blieben den Kartoffeln treu und ließen den Sachsen ihre Halbseidenen und den Thüringern ihre Thüringer, genossen sie bei denen und staunten über den Aufwand in den Küchen, und das am Sonntagvormittag. Die Liebe zu den balligen Beilagen sah man den Dingern auch an, jeder einzelne Kloß war fotogen wie ein Fotostar für das Kochbuch.

Zu Ostern erfuhr ich, warum es im Fränkischen auch nicht leichter als bei uns ist, eine Diät zu machen. Hier sind die Knödel dran schuld. Die schmecken so gut, daß die Leute nicht mal eine Soße brauchen. Und deswegen haben die dort nie „auf Soße studiert".
Der Busfahrer machte uns den ganzen Tag den Mund wässerig mit den angekündigten „Fränkischen Schmankerln". Seine preußische Zunge verklemmte sich allerdings mit dem R, es wurden immer wieder Schmankeln, und alle übrigen Mitfahrer warteten auch auf diese Schmankeln, ihnen fehlte das R nicht, Hauptsache man konnte das essen. Obwohl der „Gemeine Preuße" heutzutage auch zu Hause laufend angehalten wird, sich die altbundesländischen Ausdrücke einzuverleiben. Da gibt es das Grill-Stüberl, das Rösterl mit Weißwurstsenf, das Bier-Häuserl, das Bankerl fürs Mutterl, und man gießt die Blümerln. Die an sanfte und vornehme Töne gewöhnte brandenburgische und berlinische Zunge verdreht sich dabei unsanft und verzichtet letztendlich auf das R. Und sie reden dann von Wurscht-Bude und von Otto´n seine Jrill-Stuwe. Kommen wir nun wieder auf die angekündigten Schmankerln zurück. Fünf Kessel waren aufgebaut, und in jedem duftete ein herrliches Stück Fleisch vor sich hin. Reichliche Mengen Gänsebrust, Rinderbraten, Kasseler und „Schäufele", Wildschwein, verführerisch anzusehen und zu riechen. Essen bis zum Abwinken. Dazu die beschriebenen Knödel... und zu allem eine einzige Soße, dafür einen ganzen Eimer voll. Über das wunderbare, ganz zarte Fleisch mit Eigengeschmack und die herrlichen Knödel wurde je nach Wunsch suppenkellenweise Flüssigkeit aus dem Eimer gekippt. Ein barbarischer Brauch. „Die kennen hier keene Soße! Aba die Knödel sind jut, wa?"
„Warste schon mal in Hessen? Da essen die bis zum Umfallen grie Soß. Weeste wat det is? Det is so'ne Art Majonäse mit'n Haufen Kräuta. Grie Soß uff Osterei, grie Soß uff Bulette, grie Soß uff Hering. Hör mir uff, die mit ihre grie Soß. Haste übahaupt mitjekricht wat ick meine? Das ist Grüne Soße."
Ist das Essen im Reisepreis mit einbegriffen, essen alle bis kurz vorm Platzen. Ein mickriger, zu klein geratener Mann verdrückte zweimal zwei Klöße mit entsprechender Beilage, da er an meinem Platz vor-

beiziehen mußte, blieb mir das nicht verborgen. Ich fragte mich, wo der das hinißt, wo blieb das bei dem. Seine Frau hatte ihn während der Fahrt laufend gefüttert, stundenlang Eier gepellt, und noch ein Schokoladenei und noch ein Bonbon und obenauf, als Bindemittel, sozusagen zwei Bananen. Sein Tischnachbar, ein durch Fettpolster gefestigter Randberliner aus der Landbevölkerung, vergrößerte sein Volumen ebenfalls um vier Knödel mit entsprechenden Sättigungsbeilagen, da fragte ich mich, wie die bei dem noch reinpaßten. Aber allen schmeckte das bis auf die Soße, eben nicht studiert, echt fränkisch bis sehr gut.
Je weiter man sich vom Mittelpunkt Europas entfernt, umso unbekannter sind die aus Kartoffeln geformten Bälle. Farbe kommt ins Spiel: rote Rosen, rote Lippen, roter Wein .... nein, es sind rote Rüben. Wo man in unserm Nachbarland auch einkehrt, die Vorliebe für dieses Gemüse verbergen sie auf keinen Fall, und dazu saure Sahne, zwei Dinge, die mich in früheren Jahren bei Reisen dorthin, zu einer unermeßlichen Eigenversorgung in Form von „Rind- und Schweinefleisch im eigenen Saft-Büchsen" trieb. Die Restbestände nach so einer Reise tauschten wir auf der polnischen Autobahn gegen Heidelbeeren und Pfifferlinge. Und wenn man Glück hatte, fand man eine Bude mit Grützwurstbratlingen, das war das einzige nicht in roter Farbe. Vielleicht hat sich die Kochkunst weiterentwickelt, ich weiß es nicht.
Wer nach Ungarn reist, hat bei seiner Heimkehr Entzugserscheinungen durch fehlende Paprikaschoten. Er hat auch dazugelernt, daß dort Gulasch etwas ganz anderes ist als bei uns. Und sollte in Kreuzworträtseln nach einer weiteren ungarischen Spezialität gefragt werden, dann setzt er Pörkelt ein. Das ist Schweinefleisch in Rahmsoße.
Auf einem Campingplatz am Plattensee war die Luft zum Schneiden. Jürgen aus Darmstadt saß in Badehose unter einem Zirkuszelt vor einem eigens für seine Aktivitäten herangeschleppten Backofen und schmurgelte für die restlichen Campingfreunde so ca. 30 Rouladen. Mitte September badeten dort nur noch Hartgesottene, die Ungarn hielten sich bei Lufttemperaturen von 22 Grad sehr zurück. Jürgen war im Frühjahr aus Darmstadt angereist, eröffnete in Budapest eine Nacht-

bar mit der Auflage, durch eine Heirat mit einer Ungarin die Lizenz zu beantragen. Beides gelang. Er war so kurz vor 50, sie knapp 20. Wer weiß was für Aufgaben die in der Nachtbar hatte. Jedenfalls wusch sie nie das Geschirr ab. Es häufte sich unter dem zweiachsigem Caravan. Er kaufte ständig Neues, das Geschäft mußte gut laufen. Zum Abschluß servierte er die phantastischen Rouladen, mit der Behauptung: Die haben hier von Rindfleisch keine Ahnung, die können bloß Pörkelt. Das Zirkuszelt samt Backofen und dem ungewaschenen Geschirr vom ganzen Sommer vermachte er dem Campingfritzen und fuhr ohne Außenspiegel aber in Badehose und Jesuslatschen nach Budapest. Seine eigentliche Familie bestand aus zwei Schäferhunden mit fünf Welpen, einem Papagei mit riesigem Käfig, so etwas war allerdings nicht Standard auf einem Campingplatz.
„Also" sprach nicht Zarathustra, sondern mein Mann zu seinem Cousin, ein aus dem Goldenen Westen angereister Student, „wenn du deine diversen Geschäfte erledigt hast, treffen wir uns im KIEW, das ist ein exquisites Restaurant in Leipzig, dort werden wir schön prepeln."
Da er eine Vorliebe für Torten und Schlagsahne hatte, war das Beste grade gut genug. Mit mir prepelte er vorher zu Mittag in einem weniger exquisiten aber immer noch vornehmen Etablissement. Meine Vorliebe für Rouladen machte aus meinem glatt weißen Kleid eine Batik-Kreation. Die Roulade sprang vom Teller und unterhalb der Brust markierte sie ihren Weg bis zum Knie in einer mehr oder weniger braunen Farbe, relativ künstlerisch, nur noch etwas frisch und ungetrocknet. Ich verkniff mir die Einmischung und dachte, mal sehen, was daraus wird, ein Ersatzkleid war nicht dabei, die Läden alle geschlossen. „Mit dir kann man nirgends wohin gehen!" Aber wir mußten doch wohin. Mit der Handtasche schlenkerte ich wie eine Professionelle vorm Bauch und versuchte die Rouladenroute zu tuschieren. Kein Mensch nahm davon Notiz. Entweder war mein Mann im Wege, oder mein Jahrgang war nicht gefragt oder ich mußte etwas mehr üben.
Welch ein Wunder, im KIEW gab es Plätze zum Aussuchen. Ehe der westlich verseuchte Cousin erschien, begutachteten wir die Tortentheke, echte Probleme erörterten wir. Zwei bis dreistöckige Kreationen-

drängten die Rouladengeschichte in den Hintergrund. Man müßte öfter nach Leipzig fahren. Plötzlich saß der Cousin neben uns, der Ober fragte vornehm nach unseren Wünschen. „... und drei Kännchen Kaffee“. „Leider kann ich ihnen den Kaffee nicht bringen, wir haben keine Frau, die den Abwasch macht, die ist heute krank. Die sauberen Tassen sind alle. Es gibt also nur die Torte.“ Und nun erlebte unser Westbesuch die hochgepriesene Gastlichkeit der DDR. Alles hatten wir, bloß keine Leute, die das, was wir hatten, richtig verteilten. Also, Bestellung zurück. Keine Torte, an der Ecke stand eine Gulaschkanone, rundherum niedliche Holzbänke mit Tischen. Wunderbare Erbsensuppe mit Majoran schmeckte nach diesem Desaster fast noch besser. Bei mir zu Hause koche ich seitdem die Erbsensuppe im Winter immer mit Majoran, sie erinnert mich an die streikenden Frauen für den Abwasch im KIEW. Das wird heute keiner mehr glauben.
Lange schon war ich nicht mehr in Leipzig, aber neulich ergriff mich eine Allergie in Skandinavien. Wer dahin reist, wappne sich gegen den Fisch. Fisch morgens, mittags, abends. Wer ihn nicht verträgt, dessen Angesicht und vielleicht noch die Extremitäten verzieren sich für die Dauer seines Aufenthaltes mit Pickeln. Ich esse ganz gerne Fisch, besonders wenn er etwas teurer ist, aber selbst Lachs morgens, mittags und abends bringt alles durcheinander. Und zwei Wochen Pickel lassen die skandinavischen Nächte recht blühend erscheinen. Aber man kann ja auch nach Süden verreisen. Heute ist ja alles möglich. Wenn man Geld hat! Ich war natürlich auch schon in der Türkei. Mit dem Essen?! Na, ich weiß nicht. Entweder hab ich einen eigenwilligen Geschmack, oder ich hab die falsche Reise erwischt. Ich fand, die brauchten für ihre Portionen reichlich viel Geschirr. Geschirr, und noch'n Teller, und nichts war drauf. Was nützen mir die vielen Dekorationen. Sie bespritzen mir den Tellerrand mit irgendwelchen Soßen, mit Kartoffelpüree, eigentlich ist nichts drauf. Sie brauchen nur unendlich viel Porzellan. Das hat mir da nicht geschmeckt. Eigentlich hatte ich vier Kilo in einer Woche abgenommen, nicht wegen der Ausflüge, sondern wegen der so exklusiven Ernährung. Aber auch hierzulande sind die Angebote der verzierten Tellerränder immer größer. Da entwickeln sie und ent-

wickeln sie, da werden aus sonstwoher Köche eingeflogen, die Krebse im Spinatbett auf Schokoladenparfai kreieren, man teilt das den Leuten per Fernsehen mit und eigentlich wollen die nach einem schönen Spaziergang eine richtige Kartoffelsuppe essen. Gibt es das noch. Müssen wir alles verfeinern, verdelikatessen, verteuern??? Was wollen wir eigentlich? Satt sind wir. Ein Snob ist, wer sich im Urlaub in ein Verließ einsperren läßt, oder wie nach dem Krieg nach Kartoffeln buddeln läßt. Ich esse jetzt mit Vorliebe trockene Kartoffeln, ohne alles, aber wenn ich das erzähle, denken die, die hat sie nicht mehr alle, oder ist die bankrott, also pleite. Ich denke, die Essweise täte vielen gut. Mir schmeckt's.

Der Gast im feinen Speiselokal zum Ober: Räucherlachs auf Toast, Wachteleier auf Spinat...., gibt es denn in diesem Schuppen keine Teller?

Camping

Campingzeit! Es riecht nach Beutelsuppe, nach Sonnenöl, nach entfernten Toilettentrakten, nach moderndem Waldboden und ausgekipptem Abwaschwasser. Ich höre brüllende Kinder, schreiende Mütter, besoffene Halbstarke, aufheulende Motoren und die Nachrichtensprecher aller Sender zu jeder Tageszeit.

Ich mittendrin, allergisch gegen eine Anhäufung von Menschen und doch dabei. Mit fünf Kindern, Enkelkindern, von 8 bis 17, die mich unendlich lieben mußten, sagten sie, denn sie konnten es sich nicht verkneifen, mit mir diesen Trip zu machen. Aber alle, alle wollten mit. Und nun ruhen wir in einem Viermannzelt und einem Wohnwagen und warten auf schönes Wetter. Vorläufig errichten wir Gräben um unseren Lebensbereich, die Schuhe schwimmen schon, und auch die lebenserhaltenden Konserven in den verschiedenen Pappkartons befinden sich fast in Auflösung. Der Wetterbericht hält, was er verspricht: Es stimmt nichts. Es regnet, was heißt, es regnet, es gießt in Strömen. Wir haben an alles gedacht, nur nicht an einen Schirm. Einer war im Auto, vorige Woche habe ich ihn verborgt. Der fehlt nun, jeder, der auf's Klo geht, kommt pitschnaß zurück. Die nassen Anoraks bereichern das Vorzelt, es tropft überall, vom Zeltdach, bald auch aus den Nasen. Man friert. „Oma, wann scheint die Sonne?" „Oma mir ist kalt!"

Nach drei Tagen entschließe ich mich, einen Schirm zu kaufen, Fehlanzeige, es gibt natürlich keine mehr, andere sind vor mir schon auf diese Idee gekommen. Der Händler wittert seine Chance, er wird nun auch seine Sonnenschirme los, und mit den Preisen ist er dabei nicht zimperlich. Der Schirm, ein Riesending, aber ich bin ein optimistischer Mensch, sicher schützt er vor dem nächsten Sonnenbrand.

Und tatsächlich kommt am nächsten Tag die Sonne heraus. Der gesamte Haushalt hängt an einer langen Leine zum Trocknen: Hosen, Jakken, Handtücher, Socken, aufgeweichte Schuhe, abtropfende Beutel und Tüten. Wir staunen, was wir alles so mithaben, und bei sechs Mann kommt allerhand zusammen. Die Nachbarn dekorieren in ähnlicher Weise, man grüßt, man lernt sich kennen. Petrus macht die Camper glücklich, er läßt die Sonne kräftig scheinen.

Das Wochenende naht und mit ihm die Kurzurlauber, hier aus der Gegend. Aus kleinen Transportern quellen Kegelclubs und andere Vereine, sie quellen mit langen Holztischen, Bänken, Radios und übereinandergestapelten Bierkästen aus ihren Transportern. Meine Phantasie treibt nicht nur Blüten, ich erfahre in der Nacht auch die Früchte. Diese Früchte sind ein nicht endendes Palaver in seligen Bierwolken, untermalt mit lauter Musik und dem Besäufnis unzähliger Männer. In der See waren sie nicht. Eigentlich hätte ihnen eine Abkühlung gut getan. Nach zwei Tagen sind sie weg, andere kommen, Jugendliche. Den ganzen Tag frisieren sie ihre Motorräder. Kein Mensch sagt etwas, auch kein Campingwart. Aber am Eingang warnt ein Schild: Wer Lärm macht, fliegt runter. Natürlich steht es nicht so deutlich da, es wird nur von Ruhe zu bestimmten Zeiten gesprochen, und das verstehen viele nicht, das ist zu hoch.
Der Lärm wird überdimensional, wie auf einem Jahrmarkt. Man treibt sich gegenseitig in die Höhe. Was die können, das können wir auch, ist die allgemeine Regel. Ich merke, wie ich mich innerlich aufrege, ich beginne zu kochen, ich könnte zu jedem hingehen und ihm recht handgreiflich meine Meinung sagen. Eigentlich müßte man Geld dafür bekommen, um in diesem Irrenhaus auszuhalten. Die Kinder schreien nachts, sie finden keine Ruhe, die Mütter werden nervös, aber keinen stört das. Ich habe das Gefühl, es nur mit Idioten zu tun zu haben, es gibt fast nur noch Besoffene und Randalierer. Jeder zeigt, was er so kann und was er drauf hat, weit weg von zu Hause, so ohne Aufsicht. Meine eigene Truppe beginnt sich zu erwärmen. Bis in die Mitternacht bringen sie mir das Kartenspielen bei. Bald kann ich besser schummeln als sie. Die Unordnung nimmt ungeahnte Ausmaße an. Keiner findet mehr was. In großen Haufen liegt alles durcheinander: Turnschuhe, Trainingsanzüge, Shirts, einzelne Socken, Badehosen, Handtücher, umrahmt von den Interessen des einzelnen Individuums: Tennisschlägern, Federbällen, Gummibooten, Plüschtieren, Malbüchern, Lesebüchern, Zeitungen, Buntstiften, Baukästen, Taschenlampen und klebenden Kaugummis. Meine Sachen konnte ich in mein Bett retten. Bei dieser himmelschreienden Ordnung und dem Tohuwabohu rundherum geht mir

zum erstenmal ein Licht auf, warum sich in den Neubaugebieten wie Marzahn immer öfter welche aus dem Fenster stürzen. Längere Zeit würde ich auch nicht aushalten. Zwei Wochen überstehe ich nachts mit Ohropax, ich übersehe das Chaos, ich koche laufend Nudeln mit Tomatensoße. Mein Magen streikt bald, die Kinder hielten das noch bis Weihnachten aus, doch ich halte durch, bin eisern, ich denke beim Einschlafen daran, wie gut ich es zu Hause habe, ich will nie wieder unzufrieden sein. Lieber Gott, hilf mir diesen Urlaub ohne Schaden zu überstehen.

P.S.
Die Familie kämpft beim Camping vergeblich gegen die Mücken. Als es dunkel geworden ist, kommen noch Glühwürmchen dazu. Schreit der Vater: „Kommt sofort alle ins Zelt. Jetzt suchen sie uns schon mit Lampen."

Nach dem Campingurlaub fragt ein Urlauber den Drogisten: „Haben sie etwas gegen Mückenstiche auf Sonnenbrand über Brennesseln?"

Camping:
Über allen Zelten ist Ruh'
in allen Zelten spürest du
schon einen Hauch
von Sonnenöl, Suppe, Knoblauch.
Warte nur, balde
riechst dudas auch.

Ick kenne die Preise ...ick mach keene Reise...

Der Himmel blau,
die Luft so lau und wie Seide,
Kühe auf der Weide.
Ach, wie ist die Wiese schön jrün,
und ick mitten drin,
gleich hinter Berlin.
Wilde Schwäne,
Äppelkähne,
klare Seen,
Mark Brandenburch, wie biste scheen!
Warum in die Ferne schweifen,
wo das Jute liecht so nah.
Wälder, Felder alles da.
Ab und zu 'n kleener Hang,
und 'ne Kneipe ... Jott sei Dank.
Wo bei einem kühlen Bier
ick mir kann erholen hier.
Ick brauch keen Espresso und keene Pasta.
Ick bin jewöhnt an unser Pflaster.

„Wo ist denn hier das Reisebüro?“
„Im vierten Stock. Wollen sie mit dem Fahrstuhl fahren?“
„Nein, ich möchte eine Flugreise buchen.“

Spinat mit Ei

Das neue Frühjahrskostüm erforderte häusliche Sparmaßnahmen, außerdem war sowieso Gründonnerstag, Spinat mit Ei war die Lösung, ein Schnäppchen für die Haushaltskasse.
Also ich schaffte nur ein Ei, der Chef brauchte zwei, das waren 66 Pfennige, der Speck war im Kühlschrank, dazu einige Kartoffeln, nicht der Rede wert, über den Daumen gepeilt eine Mahlzeit für maximal drei Mark für zwei Personen. Daß man überhaupt so billig essen konnte. Wo blieb denn da sonst das Wirtschaftsgeld?
Schönes Wetter war auch, ich plante eine Fahrt ins Nachbardorf, da gab es immer frische Eier, fast noch warm, manchmal mit Federn dran vom Nest. Da konnte man gleich dic Eier für Ostern mitnehmen. Das heutige Essen war fast umsonst, fast geschenkt. Ich düste aus der Stadt, ein freundlicher Polizist stoppte meinen Höhenflug, anhalten, rechts ran. Hatte ich alle Papiere mit? Wo waren die? Noch nie hatten ich die gebraucht! Warum kontrollierten die heute? War was passiert? Suchten die nach Terroristen? Waren welchc ausgebrochen? Früher machten die Kontrolle, wenn Russen ausgerissen waren. Das konnte heute nicht der Fall sein. Der Uniformierte näherte sich meinem Auto, legte, nachdem ich die Scheibe runtergekurbelt hatte, die Hand an die Mütze und grüßte. Fand ich ja anständig, konnte man nichts zu sagen, das war auf dem Zivilsektor nicht direkt so, nein. Da taten manche so, als würde das Grüßen was kosten. Jetzt stellte der sich sogar vor, wo gab's denn so was? Ich fühlte mich fast geschmeichelt.
„Guten Tag, Wachtmeister Neumann! Kann ich mal ihre Papiere sehen?“ War ja alles da. Was regte ich mich auf, mein Herz klopfte plötzlich, es war doch alles in Ordnung. So wie die Polizei auf Tuchfühlung herankam, verursachte mir das immer Unbehagen, als hätte ich unbewußt ein schlechtes Gewissen. Sicher stieg der Blutdruck. Lieber ging ich auf Distanz. Mein Gefühl sollte recht behalten. „Wissen sie, warum sie anhalten mußten?" „Sie werden mir das sicher gleich verraten, Herr Wachtmeister. Meine Papiere sind doch alle in Ordnung, ich nehme an, sie machen eine Kontrolle aus lauter Routine?!" „Frau...“, er sah in meinen Papieren nach, „XYZ, sie haben leider das Schild am Straßen-

rand nicht beachtet. Sie haben es mit 30 km/h überschritten. Wir ahnden das mit 50 Mark.“
Mir gehen die Ostereier und der billige Spinat auf einmal im Kopf herum - und das Frühjahrskostüm - und das Sparprogramm - ich höre zwischendurch die Begründung für die 50 Eier für die Polizei - bei der Geschwindigkeitsüberschreitung von 30 Stundenkilometern müssen sie - drei Eier auf Speck - das sind eben nicht die - Kartoffeln mit Petersilie - sie sind nicht die Einzige - das macht nicht mal drei Mark- sind sie einverstanden mit 50 Mark? Ich höre auf einmal was von 50 Mark, bin hellwach, habe den Mut zu einer Gegenfrage: „Was passiert, wenn ich nicht damit einverstanden bin. Wird's dann billiger? Brauch ich dann nicht zu zahlen?“ „Doch, dann kommen nur noch die Schreibgebühren dazu.“ Na, wer vergackeiert mich denn da? Den schönen Schein bin ich los, ich muß mich noch vor dem Dorf von ihm trennen. Ein schwacher Trost sind die anderen zahlenden Fahrer. Reicht es nun noch für das Mittagbrot? Man grade, aber für die Ostereier reicht es nicht mehr. „Iß die Eier mit Verstand!“ ermahne ich meinen Mann, der über das feudale Mahl nicht gerad in einen Freudentaumel geriet. „Das ist ein nicht ganz billiges Essen. Das kostet mindestens 53 Mark, aber ohne Stempel, und Flensburg ist ganz weit weg.“
Am nächsten Tag holte ich mit ganz genau eingehaltener Geschwindigkeit die Ostereier aus Woltersdorf. Alle fuhren an mir wie die Weltmeister vorbei und schüttelten über meine vorsichtige Fahrweise den Kopf - sicher ein Anfänger!
Neulich kaufte ich mir im Sonderangebot ein schönes Holzfällerhemd, wie ich es grade für den Urlaub brauchte. Für 12 Mark, unglaublich manchmal, da sucht man nach dem Haken, aber nicht immer ist einer zu finden. Aber die Polizei hatte einen für mich. Nach drei Wochen hatte das Hemd den Wert von 42 Mark. Das Kaufhaus auf der Grünen Wiese war über eine Schnellstraße mit streckenweiser Geschwindigkeitsbegrenzung zu erreichen. Der Starkasten hatte mein Tempo mit 10 Stunden mehr Feuer aufgezeichnet. Immer haben sie mich am Wickel. Wenn ich mich daran halte, gucken mich die anderen Vorbeifahrenden mitleidig an: „Na, Muttchen, geht's denn noch ? Solln wa schieben?“

Frau Doktor, mir geht's gut!

Endlich war ich da. 700 Kilometer in einem Stück zu fahren!! Einfach irre. Unterwegs war mir der Gedanke gekommen, wieder umzukehren, bis mein Verstand einsetzte, dann könnte ich auch weiterfahren. Endlich hatte ich das Autofahren satt, obersatt. In voller Montur warf ich mich aufs Bett - nur mal einen Augenblick die Augen schließen. Als ich wieder zu mir kam war es stockfinstere Nacht und ich hatte noch immer alle Sachen an. Wo war ich, fragte ich mich. Ich kannte weder das Zimmer noch den Ort. Aber Hunger hatte ich auf einmal. Die heimische Bratwurststulle und zwei Flaschen Selter beruhigten meine Innereien, und so druselte ich dem Morgen entgegen.

Nachdem ich von nachmittags 14 Uhr bis morgens gegen sieben Uhr mehr oder weniger bloß so rumgelegen hatte, überschlugen sich nun die Ereignisse. Das war eine Leistung, die sonst nur mit Hilfe rezeptpflichtiger Tabletten möglich war: nämlich, mit einer Stunde Unterbrechung so 16 Stunden hintereinander zu schlafen. Im Frühstückszimmer erregte ich die Aufmerksamkeit aller übrigen Gäste; tief in Bayern fragte man sich, wer kam da wie ein Exot aus den neuen Bundesländern, so ganz alleine und in so einem kleinen Auto. Der Parkplatz des Hotels war geschwängert von Edelkarossen. Die Gäste kannten sich alle, nur von mir wußten sie nichts. Ich tat ihnen den Gefallen und erzählte ihnen, ich hätte gut geschlafen und zur Ärztin müßte ich auch. Es macht nie einen guten Eindruck, zur Kur zu fahren und vollkommen gesund zu sein. Die Ärztin lobte meine gute Verfassung, nach meinem sportlichen Programm - ausgezogen - linkes Bein heben - wenden - bücken - geradestehen - ist ja alles bestens - was, das können sie noch?, bescheinigte sie mir, den Anforderungen eines Kurschattens gewachsenzu sein. Meinen schwachen Einwand, deswegen sei ich eigentlich nicht hier, ignorierte sie: das sagen anfangs alle! Bei meinem ersten Ausflug gingen meine Augen tatsächlich auf Wanderschaft. Es war unerträglich heiß, ich mußte so oder so Schatten suchen. Die interessanten Schatten waren schon besetzt, sonst überall nur Sonne und die Restschatten mit Stock. Und dann die vielen anderen Sucherinnen. Da stimmte die Quote noch weniger als im Bundestag. Und da ich mich grundsätzlich

nicht anstelle, früher nicht nach den so begehrten Bananen und jetzt nicht nach den Schatten, konnte ich der Ärztin keinen positiven Bescheid geben. Aber ein Luftsprung war angebracht, er inspirierte mich zu einem neuen Badeanzug, manchmal lebt man im Überschwang seiner Gefühle über seine Verhältnisse. Aber das war wohl eine Fehlinvestition, für die stämmigen Bayern war ich wohl zu mager, obwohl die Masseuse ihrerseits meinte, ich sei so richtig schön durchwachsen, alles wäre am richtigen Fleck. Hier klärte man mich auf über Fango, Massagen und den wichtigen Anschluß an den elektrischen Strom. Als Erstkurer hatte ich von dem allen keine Ahnung, sie hätten mir sonst was erzählen können, aber sie liebten mich, weil ich so schön berlinerte, wie sie bayerten oder wie man sonst das nennen möchte. Wir verstanden uns prächtig und hatten mächtigen Spaß aneinander.
Gleich am ersten Tag schlossen sie mich an den elektrischen Strom an, wickelten mich in schwarze Masse ein, die sie Fango nannten und suchten nach Stellen, die weh tun, wenn man draufdrückt. Ich hab sie suchen lassen, es war äußerst angenehm. Es war wie ein Liebesakt, wenn der Liebste fragt: krabbelt es da auch ein bißchen? Natürlich fragt der anders, wenn er die erogenen Zonen seiner Liebsten anvisiert und sie durch schnurrende Geräusche und entsprechende Drehungen zustimmt oder mitteilt, er soll weiter den Punkt suchen. Ist doch 'ne feine Sache, wenn einer einem das auf Krankenschein von der Kasse macht, kann man eigentlich nicht meckern. Nun sucht die morgen früh um 9 Uhr weiter. Meine Krankenkasse ist die Innungskrankenkasse, aber hier an der Tür steht: alle Kassen. Aber das Schönste war die Badewanne. Man stelle sich vor - rosa Wasser, sie nannte es Rosmarin - es duftete herrlich. Nun war die Wanne voll, nicht Aphrodite stieg ein, auch nicht Helga Feddersen, die damals sang: die Wanne ist voll, hahahaha, nein, die stiegen alle nicht ein, es war Gisela aus Luckenwalde. Und zu allem Überfluß stellten sie nun den Sprudel an, den sie heute Whirlpool nennen. „Woas wolln's hoam?“ Ich denk, ich bin im Busch oder beim ZDF. „Volle Pulle!“ erfahren sie von mir. Dann hob's Giselan hoch, wie Treibholz schwamm sie obendrauf. Der Hintern und die Brüste kamen sich wie Kullerpfirsich vor. Ich juchte, weil ich zu Hause nur ein einfaches

Bad ohne derlei Raffinessen habe. Die zweite Masseuse eilte heran, um an dem Spaß teilzunehmen, wir erzählten regionale Witze und sie vergaßen den Wecker zu stellen, wenn das Telefon nicht geklingelt hätte, kullerte ich jetzt noch in ihrer Wanne. Ich durfte mir ihr Laken umhängen und wandelte wie Genoveva vom Keller in den ersten Stock, traf aber leider auf keinen Bewunderer meiner einfachen Eleganz. Da hier überall große Spiegel rumhängen, habe ich das sehr bedauert, es kleidet mich ausgezeichnet. Und mit diesem Laken sollte ich mich wegen der Nachwirkungen ins Bett legen. Nun entstieg ich diesem Möbelstück des Lasters. Nun würde ich gerne etwas essen. Mich übermannt der Appetit nach Bratkartoffeln mit Sülze, schön fett. Sonst bin ich gar nicht so vernagelt danach, aber jetzt hat's mich einfach erwischt. Doch dann müßte ich mich anziehen, draußen sind wieder tropische Temperaturen, und wenn ich dann im Restaurant bin, habe ich wieder keinen Appetit. Ich besitze noch einen verschrumpelten Apfel, der im Auto bei der gestrigen Reise so einen richtigen Zacken weggekriegt haben muß, ca. 30 Sauerkirschen sind auch noch mein Eigentum, Schattenmorellen aus dem Garten, und noch zwei Flaschen Selter von Aldi. Ich habe keine Ahnung, ob ich das bis morgen früh aushalte oder Hunger-Ödeme kriege. Auf der anderen Seite weiß ich nicht, was ich die ganze Zeit machen soll. Wieder ins Bett? Das ist doch unnormal, wenn wenigstens einer mitkäme. Aber fehlte dann vielleicht rotes Licht und geile Musik. Einen Schal für die Lampe hätte ich noch, aber die Kassetten sind im Auto.

Da war noch so ein neugieriger Typ wie ich, sie war eine Witwe aus Bonn, bei aller Sympathie für mich war sie nicht zu bewegen, in die zukünftige Hauptstadt der Bundesrepublik zu ziehen. Was Wunder, ihre Immobilien standen hoch im Kurs, aber in Bad Füssing zogen wir an einem gemeinsamen Strang. Nach ausgedehnten Radtouren beobachten wir abends feingemacht die anderen Frauen, die das elende Kreuz hatten, einen Tänzer zu finden mit anschließendem Beischlaf. Anbaggern heißt das heute. Eine echte Arbeit, bei dem vorhin geschilderten Verhältnis ein aussichtsloses Unternehmen, und wir beide noch dazu der bayerischen Sprache nicht mächtig. Nach der angesehenen Schlacht

im Kurpark und der einschlägigen Tanzlokale durch die riesigen Fenster, gaben wir uns der Liebe zum Eis hin. Nach einer Woche spendierte der Italiener einen Amaretto, nach der zweiten noch einen und zum Abschied in der vierten Woche drückte er uns die Hand und wir brauchten nicht zu bezahlen. Weiß der Kuckuck, was er uns erzählte, es klang sehr hübsch, vielleicht war es auch etwas Unanständiges.
Ein Anruf von zu Hause erreichte mich selten, und kam doch mal einer durch: Sag mal, wo treibst du dich denn so lange rum? Als Witwe hatte ich gefälligst zu Hause zu sein, beizeiten! Ich stand auch hier unter ständiger Beobachtung.
Die Seele kam aber auf ihre Kosten, beim Radfahren über die Felder schrie man sich nach Leibeskräften den Kummer von der Seele und war so richtig glücklich. Aber so richtig albern wurden wir beim Folklore tanzen. Man ging dahin, weil man dachte, nun würden einem geübte Tänzer zeigen, welche Pirouetten man in Irland, Schottland oder Mexiko dreht. Nun sollten wir selber etwas vortanzen. Meine Flamencoschuhe waren solch glattes Parkett nicht gewöhnt. Ich war die Einzige, die barfuß den Demonstrationen der Tanzlehrerin gegenübertrat. Seit der Zeit weiß ich, wie viele überflüssige Beine man haben kann, es war immer eins zu viel, wenn ich eins hob, war es oft das falsche. Ich hab vor Lachen meistens die nächste Tanzausgangsstellung verpaßt.
Nun gehe ich wieder mit den Hühnern ins Bett. Ich stelle aber fest, daß es sich am Tage auch gut auf der Couch liegt, ich sehne mich nach einem Butler, einer Sänfte und einem der mich krault - Faulheit , dein Name sei gepriesen.

Die Kur

Meine Fernsehzeitung ist ein menschenfreundliches Blatt, sie hat ein Herz für müde Büroangestellte und abgeschlaffte Sekretärinnen. Denen empfiehlt sie, in den Mittagsstunden die Beine auf den Schreibtisch zu legen und ein kurzes Nickerchen zu machen, das steigert die spätere Arbeitswut unheimlich. Dieselben Zeitungen verraten dem Leser auch, wie man seinen Urlaub kostengünstig über die Kassen abrechnen kann... als Wanderurlaub zur Leistungssteigerung. Vorausgesetzt man wohnt in einer begnadeten Gegend ohne Arbeitslosigkeit, und vorausgesetzt der Chef zeigt dafür Verständnis. Das trifft man selten an. In den meisten Fällen freunden sie sich ebenso wenig mit der Form des Relaxens an, wie die Krankenkassen. Sie sind auf beiden Ohren taub. Man soll gefälligst zu Hause relaxen und auf eigene Kosten, auch wenn die Fernsehzeitung seitenweise Vorschläge macht.

Relaxen ist neudeutsch und bedeutet erholen, entspannen. Es erholt sich keiner mehr, dann ist er unmodern und nicht mehr auf dem Laufenden. Ältere Semester unter uns, solche, die schon ab und zu nach einem Stock schielen, einer sogenannten Gehhilfe, lehnen das Relaxen ab. Sie machen sich fein, setzen einen Hut auf, behängen sich mit Gold und Silber wie ein Christbaum und fahren zur Kur. Die ist grundsätzlich anders als Relaxen und besteht in erster Linie aus Weckerstellen, Rätselraten und An- und Ausziehen. Ein Kurgast, der seinen Wecker für nicht so wichtig hielt und ihn zu Hause ließ, wird hier belehrt: Pünktlichkeit ist die Höflichkeit der Könige, und ganz besonders pünktlich hat er zu den Anwendungen zu erscheinen, ganz besonders zu denen mitten in der Nacht, um 6.15 Uhr.

Eine Anwendung ist das, was der Badedoktor, der Balneologe, verschreibt. Damit meint man nicht die Pillen, die Einreibungen und Tropfen, nein, das sind die Bäder, die Massagen, die Packungen, die Freiübungen über und unter Wasser. So stellt man sein Alarmgerät mit dem melodischen Piep-Piep-Ton auf 5.45 Uhr und taumelt eben gerade mit geputzten Zähnen noch im Halbschlaf hin zur ersten Packung. Die leidenden Körperteile, noch schlafend, hüllt eine resolute Badefrau in schwarzen Kleister, angenehm schwitzt man ein Weilchen vor sich hin

und gewinnt fast den Anschluß an die unterbrochene Nachtruhe, bis der Dragoner unsereinen in eine Kabine treibt und mit scharfem Strahl aus einem C-Rohr von der Feuerwehr die überfällige Morgenwäsche nachholt.
Kommando: Uhmdrähn - Popo waschen - iehnen driehn auch - nun die Sießä und den Bauch - gut.
Mit verschwiemelten Augen und Haaren wie ein Handfeger beginne ich im Frühstücksraum die nächste Kur. Eine Essig-Kur. Butter ist da, gute Butter, Wurst, Käse, Schinken ... eß ich oder eß ich nicht.Oder tunk ich das nackte Hörnchen so blank in den Kaffee? Wäre besser.
Zu Hause hatte ich einen schlimmen Finger, mein Doktor sagte, ich plansche zu viel im Wasser. Und hier fall ich von einer Wanne in die andere, ich lerne die vielfältigsten Formen kennen, mit Griffen, mit Rillen, Nuten, mit perlendem Wasser, mit Quirlen, und ich weiche auf, Wassertreten, Fußbäder, Wassergymnastik. Dieses ewige Abtrocknen, dieses ewige Anziehen.
Die einzige Trockenübung ist der Masseur, er bricht einen fast durch, es tut angenehm weh.
Erschossen liegt man zwischendurch auf dem Bett oder hält sich mit Kreuzworträtseln über Wasser.
Neuankömmlinge erkennt man daran, daß sie hilfesuchend eine mehrfach gefaltete Karte auseinanderziehen und den Geheimcode der Eintragungen zu entschlüsseln suchen. Sie studieren den Kurausweis, das ist ein Rätsel für sich. Das Studium erfordert vollkommene Konzentration und den Zeigefinger eines schon länger anwesenden Kurgastes. Man weiß ja, ein Doktor hat durch sein emsiges Studium seine Handschrift versaut, und man bewundert jeden Apotheker, der die Rezepte entziffern kann. Nun versuchen alle zum Ausfüllen berechtigten Schwestern es dem Arzt gleichzutun. Striche, Zahlen, Krakel, Pfeile, Kreise, Umrahmungen erinnern mehr an ein Bilderrätsel. Großzügig setzen sie ihre Zeichen gerade dahin wo Platz ist, ohne Rücksicht auf vorhandene Kästchen und Linien, ganz ordnungswidrig, als hätten sie nie eine Schule besucht.

Langsam und allmählich schlittert man in das System der geordneten Unordnung oder der ungeordneten Ordnung und widmet sich in den freien Zeiten dem Wohlergehen des Verdauungsapparates. Der Magen soll nicht darben, wo sich doch schon die Haut durch das dauernde Wässern in Falten legt. Sahnestückchen und Eisbecher polstern uns von innen wieder aus, und der Masseur verschiebt die früheren Polster mit den hinzugekommenen von einem Fleck auf den andern. Regen und kalter Wind treibt uns immer wieder an die Rätsel. Von Aaron und Laban und dem siebenten griechischen Buchstaben wird der Kopf schwer und erfordert einen Erholungsschlaf. Zu der eigenen Schußlichkeit gesellt sich die Eitelkeit der übrigen Kurgäste. Ihre Eitelkeit empfiehlt, auf jeden zweiten Finger einen Ring zu setzen, aber bloß keine Brille zu tragen. Sie erkennen ihren Namen auf der Kurkarte nur an der Länge und greifen nach der Anwendung ganz bewußt und selbstsicher nach dem Behandlungsausweis anderer Leute, z.B. nach meinem. Das setzt das laufende Programm außer Kraft, ich steige von nun an in keine Wanne sondern bin auf der Suche nach Pani Olga Pitelnikowa. Mit Händen und Füßen und geschwenktem Pitelnikowa-Dokument erklärt man seine Jagd zur Chefsache. Die Rezeption weiß von nichts, mich kennt inzwischen der halbe Ort, keiner kennt die Olga. „Das kommt jeden Tag vor!" tröstet man unsereinen. Olga sitzt im Perlbad und hat nachmittags die Kurkarte hinterlegt. Es ist wie Weihnachten. Seitdem ist meine größte Sorge ein Wiederholungstäter. Deswegen dekoriere ich die Vorderseite mit einem riesigen Fleck Nagellack. Der wird ja wohl zu sehen sein.

Beim Abendbrot ist man aufnahmefähig für die Gespräche der Tischnachbarn, wie die so den lieben langen Tag verlebt haben. Rein ins Wasser, raus aus dem Wasser, rein, raus, auch nichts Neues, nichts anderes. Die Lockenpracht hat der Masseur mit seinem Fett endgültig versaut. Die gestrige Schwester hat besser gespritzt und eigentlich würde man zu Hause gar nicht so viel essen.

Beim abendlichen Meckern über das wenige kulturelle Angebot, über die blöden anderen Kurgäste, über die hochgeklappten Bürgersteige ab 20.00 Uhr, fallen einem die Äuglein zu. Man geht mit den Hühnern ins Bett, wird mitten in der Nacht aus dem Schlaf gerissen, und alles fängt von vorne an. Drei Wochen können da sehr lang werden. Aber Hauptsache es hilft.

„Wie hat denn die Schlankheitskur bei deinem Mann gewirkt?"
„Phantastisch. Sein tätowiertes Schlachtschiff ist jetzt ein Faltboot."

„Kennst du einen guten Steuerberater?"
„Geh zu meinem, der hat es geschafft, meinen letzten Kuraufenthalt als Altbausanierung von der Steuer abzusetzen."

Reich mir die Hand, mein Leben, komm auf mein Schloß mit mir

Als Münsteranerin schleppte sie den 30jährigen Krieg gleich doppelt mit sich herum, einmal geschichtsträchtig mit Wallenstein und dem Westfälischen Frieden und dann den anderen, ihren ganz persönlichen, den mit Oskar. Der war, Gott sei Dank, mit einem annehmbaren Waffenstillstand ausgegangen. Die Immobilien waren aufgeteilt - verheiratet, aber getrennt lebend - war ihr jetziger Familienstand.

Von Hungers wegen konnte bei der Trennung nicht die Rede sein. Eine gut gefüllte Bluse und der füllige Rock zeugten von genügend Nahrung. „Betrogen und belogen hat mich das Miststück, und nun lebt er mit eincr anderen, mit dieser Schlampe, in unserem Haus. Ich will keinen Mann mehr sehen!“ prophezeite sie am Frühstückstisch.

Auf Malta hängte sie sich eine teure Kette um den Hals ... der hat mir ja nie eine spendiert ... und gab sich ganz den Ausgrabungen, den Tempeln und den Weissagungen der Priester hin. Und sie erfuhr, daß es schon vor Tausenden von Jahren Mode war, mit Hackebeil und Morgenstern den anderen zu überzeugen und ihn von Weib und Kind und Haus und Hof zu befreien. Sie bewunderte die ausgeklügelten Tonkanäle der Priester, die ihrer lauschenden Gemeinde das Wohlwollen der Götter durch Opfer in Form von Wein und Brot ans Herz legten. Fast wie unser Finanzminister, dachte sie, der jede Woche neue Segnungen versprach, wenn nur das gemeine Volk genügend geschröpft werden konnte und auf seine Tricks hereinfiel.

Solche ketzerischen Gedanken kamen ihr angesichts der beklemmenden Temperaturen. Es war alles schon mal dagewesen. Nach so einem Opfergang in frühere Zeitalter erholte sie sich schweißgebadet auf dem Marktplatz von Valetta. Die Steinzeit hatte ihre Füße arg strapaziert, die Bronzezeit hatte das Gehirn ermüdet. Sie ließ die restliche Reisegruppe in die noch ausstehende 20. Kirche ziehen, dachte an ihre häusliche Badewanne, an eisgekühlte Getränke im Kühlschrank und nippelte einigermaßen zufrieden an einer lauwarmen Brause. „Ach, wie schön hab ich's doch“, jubilierte ihr Herz, angesichts der übrigen, nach einem Stuhl suchenden Touristen. Sie war leicht zufrieden zu stellen, die gute

Seele. Ein bißchen fielen ihr die Augen zu, und die leere Plasteflasche entglitt ihren Händen und kullerte in der Gegend rum.
Wie in Trance rutschte sie hinterher, erreichte zeitgleich mit einer fremden Hand die Flasche und blickte in das Produkt jahrhunderterlanger Kreuzung. Europa - Asien - Afrika, alles vereinte der Mann in sich. Glutheiße spanische Augen, phönizische Schiffsbauerarme, bekehrende Johanniterbewegungen, Kreuzrittermanieren, rhodesische Rosenblüten, überschüttet von arabischen Düften und alles gentlemanlike der letzten hundert Jahre. Was für ein Mann! Es verschlug ihr ein bißchen die Spucke und drückte auf ihr ohnehin nicht so fließendes Englisch. Aber in dieser Götterdämmerung verstand er: Was für eine Touristin, was für eine Frau, die nicht den Marktplatz der maltesischen Hauptstadt durch eine leere Plasteflasche entweihen wollte. „Ich wollte das ganz bestimmt nicht, auch nicht in der heutigen Plastezeit," beendete sie den geistreichen Satz. „Nur die entsetzliche Hitze hat mir so zugesetzt!" „Madame, wie kann ich das wieder gut machen, tun sie mir den Gefallen und trinken sie mit mir einen Kinnie" flötete er in vorzüglichem Deutsch.
Sag bloß nicht Ja hämmerte es im Kopf der hellhäutigen Münsteranerin, denk an Oskar, das falsche Luder, wer weiß, was das für einer ist. Aber ein unerbittlicher Durst machte sie gefügig und sie folgte ihm in ein kleines Café. Das hitzegeschädigte Gehirn erholte sich allmählich und war froh, sich von dem wochenlangen Ballast aus Münster zu befreien. Endlich hörte einer interessiert zu, sie vergaß, daß sie das einem Wildfremden erzählte bei einem eisgekühlten Kinnie, der einen dritten Stuhl mit einer Tasche besetzte, Paprika sah heraus, Zwiebeln, Reis und Apfelsinensaft.
„Geht ihre Frau nicht einkaufen?" Nun folgte seine Leidensgeschichte. Auch sein Familienstand war: verheiratet, aber getrennt lebend. „Sie wissen, die katholische Kirche."
Beide stammten aus einer geschichtsträchtigen Gegend, für die die Geschichtsbücher viele Seiten parat hatten, beide hatten einen persönlichen Krieg hinter sich und beide suchten nach einer verständnisvollen Seele. Sie verabredeten sich für den kommenden Sonntag, wenn die Reisegruppe wieder nach Valetta zum Flohmarkt fahren wollte.

„Ich habe ein Date!“ flüsterte die Münsteranerin mir zu. Ich verstand nicht gleich und ließ mich ganz langsam, wie zum Mitschreiben aufklären. „Ich habe ein Date,“ gluckste sie, „aber ich werde nicht hingehen, was soll der Quatsch für zwei Tage oder am Sonntag für drei Stunden. Aber Oskar werde ich das unter die Nase reiben, dem werde ich erzählen, hier sind nicht solche Diätziegen erwünscht, hier sucht man noch nach proportionierten Frauen, nach Frauen, die wie Frauen aussehen und nicht wie eine Bohnenstange. Haben sie sich schon mal die hiesigen Frauen angesehen?“ Mir war auch nicht verborgen geblieben, wie proportioniert sie waren, unsere mitteleuropäischen Maßstäbe hatten ihre Gültigkeit verloren, ein außerordentlich wohltuender Gedanke, man könnte sich damit anfreunden. Und die Malteserinnen trugen ihre Rundungen und Polster ohne Scham aber mit vollem Stolz. „Nett war der ja, und alles muß der Arme sich selber kochen, es hat mir wohlgetan, aber ich geh nicht hin. Ich brauch mir das nicht mehr zu überlegen.“ Heute war Mittwoch, bis zum Wochenende konnte noch allerlei passieren. Der liebe Gott, der auch in der Plastezeit mitmischte, griff ihr unter die Arme und schickte ihr einen kräftigen Schnupfen nicht wie in der Steinzeit durch den Tonkanal für Priester und Gemeinde, der wählte die Klimaanlage. Eine tropfende Nase, aber blanke, fröhliche Augen. Das Selbstbewußtsein war erwacht. Ihr Herz jubilierte und wohlgelaunt reiste sie zum Waffenstillstand nach Münster zurück.

Nur Mut, die Sache wird schon schief gehen!

Vor dreißig Jahren hatte ich nach zweimaligem Anlauf endlich die Fahrerlaubnis erhalten, mit dem Rat der Polizei, entweder nach Schweden zu ziehen oder mich mehr rechts zu halten. Der Doppelsinn ging mir erst viel später auf. Auch mein Mann als Fahrzeughalter und vor allem als Fahrzeugbesitzer machte mich nach den ersten zwanzig Kilometern aufmerksam: „Wenn du jetzt den Wagen - er sagte nicht Auto, schließlich hatten wir 14.000,- Mark bar hinblättern müssen - also, wenn du den Wagen in Klumpen fährst, ist es aus, und wir müssen wieder überall zu Fuß hinlaufen, bis wir einen neuen kriegen.„ Das wollte ich denn doch nicht. Ich ließ meine so schwer erarbeitete Technik einrosten und war stiller Beifahrer, arbeitete mit Landkarten und fütterte den Chauffeur. Ansonsten blieb ich bei meinem geliebten Fahrrad. Doch jede Frau, die eigenhändig ein Auto lenken konnte, bewunderte ich glühend. So viel Mut war mir unbegreiflich. Mir zitterten schon die Hände beim bloßen Aufschließen der Kofferklappe, nachdem ich einmal auf einem Parkplatz vergeblich versucht hatte, in ein gelbes Auto einzusteigen. Gelbe Autos waren zur Zeit ganz selten und da hatte eben außer uns noch einer ein gelbes.

Meine technische Intelligenz wurde als miserabel eingeschätzt und so dämmerten meine Fahrkünste dahin. Manchmal wachte ich schweißgebadet in der Nacht auf. Immer war es dasselbe - ich mußte Auto fahren. Und dann gab es plötzlich Autos en gros. Die Leute wurden sie gar nicht los. Meinem Mann wurde es aus gesundheitlichen Gründen immer schwerer, unseren neuen großen Wagen zu lenken. Der 16-jährige Polski-Fiat war zuletzt vor jedem Käseladen stehen geblieben, dauernd mußten wir abgeschleppt werden, nun dämmerte er auf einem Grundstück als Anschauungsobjekt dahin. 16 Jahre, wie ein guter Freund, ich kannte jede Ecke von ihm. „Mensch, denke ich, da haben wir nun endlich ein schönes Auto und wenn ich mal irgendwohin will, muß ich erst einen bitten und fragen, ob er mich dahin fährt." Auch meine Nachbarn mokierten sich, wenn ich sonntags mit dem Fahrrad zum Krankenhaus lostigerte, mit dem Braten im Gepäcknetz und der unterwegs verlorengegangenen Soße. „Was? Sie können nicht fahren? Trauen sich nicht? Haben so'n großes Auto!"

Sie hatten alle Recht, immer wieder nahm ich mir vor, mal einen Fahrlehrer um ein bißchen Fahrpraxis zu bitten. Ich wollte ganz bestimmt kein Rad wechseln und schon gar nicht den Motor auseinandernehmen. Ich fand einen, ganz auf mich zugeschnitten, nicht sehr groß, etwas gedrungen, mit etwas Bart. Er aß gern, das war nicht zu übersehen. Ein gemütlicher Typ. Gustav hieß er. „Mit dem machste das, der haut dich nicht, der schreit dich nicht an, vor dem haste keine Angst."
Gustav erschien am Wochenanfang an der Ecke unserer Straße, mit dem obligatorischen Schild: Fahrschule. Alles guckte aus den Fenstern und wartete gespannt auf das Aufjuchzen des Motors. Schweißgebadet verstand ich von den vielen Knöpfen und Schaltern so gut wie nichts.
„Sagen sie mir bloß, wie wir schnell von hier wegkommen, in den Wald, da fangen wir ganz von vorne an!"
Zehn Fahrstunden schwitzte ich still vor mich hin, mit erhöhtem Blutdruck empfand ich alle Straßen als viel zu schmal, überall wurde gebaut, überall waren Absperrungen und die vielen anderen Autos. Zehn Pfund habe ich in der Zeit abgenommen. Plötzlich wurde mein kleines Auto geliefert, es gehörte mir, mir ganz allein. Todesmutig fuhr ich es aus dem Autohaus, ich wunderte mich, das Tor, das heißt die Ausfahrt genau getroffen zu haben. Ich vergaß meinen Mann neben mir, ich war auf Wolke sieben, ich war glücklich, ich fuhr zwanzig Kilometer an einem Stück, dann ging's zum Mittag nach Hause, schnell eine Beutelsuppe gekocht und dann bitte, bitte noch einmal. Ab und zu hörte ich in weiter Ferne: BEI ROT MUßT DU ANHALTEN!
Scherzbold, das mir, einer Radfahrerin von Kindesbeinen an.

Fahrprüfung: „Welches Rad wird in einer Linkskurve am wenigsten belastet?" „Das Reserverad"

Übertrieben: Die Ehefrau darf zum ersten Mal den neuen Wagen fahren. Am Straßenrand steigen gerade ein paar Arbeiter auf die Telefonmasten. Meint der Ehemann: „Na, so schlecht fährst du nun auch wieder nicht."

Olga

„Und nun, liebä Gästä, ich winsch ihnen einen schenen Morgän!" Vor sich das Mikrofon, neben sich den Omnibusfahrer, hinter sich 45 Beifahrer, davon 20 Mitglieder eines Kegelclubs - hauruck und wieder fallen alle neune - ob die übrigen das wollten oder nicht. Das Bier schmeckt schon wieder, deswegen sind sie nach Prag gekommen, Kirchen und Museen haben sie auch zu Hause genug.

Im Omnibus früh um zehn bereits dreißig Grad. „Gestern war der heißeste Tag der letzten hundert Jahre, heute wird es nicht kihler", verkündete Olga die Nachrichten des Rundfunks.

Freude kommt auf, besonders bei den Zehen, die wollen sofort aus den Sandalen.

„Da oben wohnt Karel Gott, das Haus mit dem roten Dach", flötete Olga. Der hat sicher eine Klimaanlage, denk ich so nebenbei. Wenn ich noch mal auf die Welt kommen sollte, sing ich auch: Weißt du wohin ... Endlose Straßen mit diplomatischen Botschaften, sicher auch gut temperiert, man sieht keinen, denen ist das draußen zu warm, sie müssen nicht in einer Blechkiste durch die Stadt fahren, ach ja, laufen ist auch noch angesagt. „Liebä Gästa, unser Omnibus hat keine Klimaanlage, aber er kommt unter allä Bricken durch, das können die besseren Omnibusse nicht, die machen große Umwegä, oder sie bleiben stekken!" Was für ein Glück! so hat jedes Ding zwei Seiten.

„Da dribän ist die Fabrik fir kleinä Kinder. Die werden da gemacht!" Die Kegelbrüder werden mobil. Aktion mit der Bierbüchse in der Hand. Sanfte Gemüter halten sich die Ohren zu. Und dann verneigen sich alle vor der Entbindungsstation von Prag.

Ende der Fahrt. Die Kegler machen einen ersten Bieranstich, der Rest macht sich auf die Socken.

„Ich bin die erste, mein Schirm ist vorne, hinten wird marschieren der Greßte, der wird machen den Schwanz. Der greßte Schwanz ist also hinten. Der greßte Schwanz ist der letzte Schwanz, der letzte Schwanz paßt auf, es fehlt keiner!"

Mit 1,57 hab ich nichts zu befürchten, es findet sich ein großer Schwanz, anderthalb Kopf größer als ich. Der greßte Schwanz, der letzte Schwanz.

Auf gehts, noch eine Kirche, noch ein Museum, noch eine berühmte Straße. Hinsetzen möchte ich mich, so richtig schön unter einen Baum, leichter Wind müßte sein, was Hübsches trinken müßte man, die Augen zu machen müßte man, was für eine Schnapsidee bei der Affenhitze durch die Stadt zu latschen. Mit Sehnsucht denke ich an meinen Keller zu Hause, da könnte man jetzt schön aufräumen. Was da alles so rumgeschmissen wird.
Meine Wünsche werden von Olga unterbrochen. „Und jetzt, libä Gästä ist Freizeit. Sie kennen nun machen, was sie wollen. Wer will kann mit mir bumsen gehen. Fir zwei Stunden, dann treffen wir uns hier wieder."
Im Handumdrehen werden strapazierte Füße mobil, daß so was bei einer Stadtbesichtigung drin ist!? Nicht nur der greßte Schwanz will auf Exkursion gehen. Die kleineren drängten hinter Olga her...
Völlig abgematscht treffen sie auf mich, sandalenlos unter einem Baum sitzend und ein Eis schleckend.
Abgematscht von den zusätzlichen Denkmälern, aber nirgends eine rote Laterne. „Wolltet ihr nicht bumsen gehen?" Nein, sie waren bummeln.
Ich denke an Hubert von Maieringk, der mal erzählte, daß er für sein Leben gerne in Bumslokale ging. Das waren welche mit richtiger schöner Musik, so für Schieber, Rheinländer und Polka, „gemietlich".
Ich wage heute nicht zu meinen Enkeln zu sagen: Ich gehe in ein Bumslokal. „Aber Omi!"

Oh, Gott, Herr Fahrer!

Also wissense, nee, also wissense, nee, also wissense, also wissense nee! Die zwei Weiber hinter dem Fahrer reden ohne Punkt und Komma, erinnern an Friedrich Luft, aber nur was die Atemtechnik betrifft. Der Fahrer braucht Ohrenstöpsel, er kann einem Leid tun.

Die beiden sitzen vor mir. Eine hohe Fistelstimme kakelt gegen einen krächzenden Baß. Meine Ohren sind gekränkt, der Geist verarbeitet unwillig das dargebotene schöpferische Schaffen:

„Sacht die doch zu mir, sachtse, wenn ick komme, bring ick die Leberwurst von mein Fleischer mit. Sach ick: nu mach man, denn ham wa zwei Sorten Leberwurscht, und denn wern wa sehn, welch bessa is. Denn is det ma wat anderet. Man hat ja sonst nischt, sach ick."

„Meina hat och schöne Wurst. Ick eß ja am liebsten die mit die kleenen Leberwurststückchen, Otto will immer bloß die Frische Wurst vom Schlachten ham, und denn muß ick sonstwohin fahren. Ja, sachta, wenn de mir liebst, denn machste des."

„Sach ma, möchteste hier wohn? Ick nich."

„Nee, ick och nich. Wat denkste wie schön des jetzt uff mein Balkon is. Hab mir och'n neuen Sonnenschirm jekauft. Ick sitz denn uff'n Balkon und kuck ins Jrüne. Und denn hab ick och'n kleenen Tisch. Und denn stell ick die Tassen rauf und alles, und denn jieß ick die Blumen und alles. Und überall mach ick die Fenster uff, wegen die frische Luft!"

„Ick mach die doch nicht alle uff, det zieht doch. Eins mach ick imma zu. Haste noch nie'n Hexenschuß jehabt? Wie ick neulich uff'n Bahnhof, als ick zu Ürmchen wollte. Det zoch wie Hechtsuppe. Und denn hatten wa den Salat. Ick hat's ins Kreuze und Ürmchen mit de Galle. Bloß trockene Schrippen und Pfefferminztee. Die ihr Fleischer kann och schöne Wurst machen, die ißt die och so jerne."

„Na, sach ick, nu is det denn ja aus mit dis Schnabulieren, wennstes mit de Galle hast. Trocken Brot macht Wangen rot. Hach, sachtse, 'n bißken bin ick schon wieder uff'n Damm. Der Dokta sacht, operiern muß er nich, sachta."

„Kennste den schon lange?" „Wen?" „Na, den Dokta!"

„Ja, sach ick, und der sacht, ick soll mir bei's Essen vorsehen, sachta

doch wegen dis viele Fett, und ick sach imma wieda zu mein Mann: Mußte mir denn immer allet voressen? Kannste nich auch mal auf wat verzichten? Holst noch die Leberwurscht aus Treuenbrietzen. Na, sachta denn, da gibt es ganz in de Nähe den Beelitzer Spargel. Det is doch een Abwaschen. Da schlaren wir doch jleich zwee Fliejen mit eene Klappe, sachta, ick ess nu ma jerne Leberwurscht und du bist 'ne vornehme Pflanze aus Charlottenburch. Du kriegst den Spargel, damit deine Jalle nicht mehr piept."
„Und, sacht Ürmchen, der Dokta is ein janz feiner Mensch, ob ick dem ma wat mitnehme? 'n Jlas selbst jekochte Erdbeermarmelade?"
„Quatsch, sacht Oskar, der sitzt schon lange in de Karibik, der braucht deine Marmelade nich. Der braucht deine Krankenscheine, denn jeht's dem och ohne Marmelade jut, sacht Oskar."
„Sach mal, Traudchen, wie hat dir denn heute die Kaffefahrt jefallen? Det Essen war doch prima, 'ne Bratwurscht hamse uns och jejeben, die Jeschenke, da hab ick jleich wat für de Jeburtstare. Ick sach dir, ick muß mir bald 'n neuen Schrank koofen, so ville hat sich schon anjesammelt."
Die Schranke in Kliestow ist zu. Wir warten. Der Motor ist ganz still, der Omnibus tuckert nicht mehr. Das allgemeine Erzählen ist verstummt. Eine himmlische Ruhe, unbezahlbar, ein Ohrenschmaus. Die Schranke geht hoch und die Leberwurstgeschichte geht weiter, es folgt Teil zwei der unendlichen Geschichte.

Telefongespräch: „Bitte verbinden Sie mich sofort mit Herrn Huber!" „Mit wem bitte?" „Mit Herrn Huber. Ich buchstabiere: H wie Helmut, U wie Ulrich, B wie Berta, E wie Emil und R wie Rudolf. Haben sie mich verstanden?" „Ja, die Vornamen hab ich jetzt alle. Und wie ist der Familienname?"

Brust und Rücken - Bremse drücken

Genau das war mir im entscheidenden Augenblick entfallen. Zwar nicht an einer Straßenkreuzung, sondern als es ganz sacht um die Ecke ging. Vorher hatten wir im Wald Pilze gesammelt, alle Pilzsammlerinnen wollte ich nun taxenmäßig nach Hause fahren. Das Mysterium einer vollkommen neuen Straße brachte mich aus dem Konzept, zu spät erkannte ich die Einmündung, trat ordentlich aufs Gas statt auf die Bremse und rasierte die Augenweide eines Eigenheimbesitzers ab, eine 5 Meter lange Hecke, gab der dahinterliegenden Mauer noch einen zusätzlichen Schubs und kam endlich zum Stehen, denn unten herum ging nichts mehr. Der Wagen hatte sich vollgefressen.

Noch lebten alle, vorsichtshalber stiegen die Nichtverantwortlichen aus und brachten die Ausbeute des Nachmittags in Sicherheit. Sitzen blieb ich. Ich schaltete hin und her, vor und zurück, hatte schließlich das Gefühl eines Rasenmähers, der bis zum Eichstrich voll ist. Der Heckenbesitzer war nicht zu Hause, jedenfalls meldete er sich nicht, aber die Nachbarin kannte mich persönlich, also ausrücken empfahl sich auch nicht, war auch noch nicht drin: „Da haben sie ja was Schönes angestellt!“ Von alleine wäre ich da nie drauf gekommen. In unmittelbarer Nähe hatte einer seine Garage als Getränkebasar ausgebaut, das was früher die sogenannten Getränkestützpunkte waren. Von da kam Hilfe, sechs vollmundige männliche Gestalten trösteten mich in meiner Hilflosigkeit. Sie gingen wiederholt um mein sich mit der Hecke vollgefressenes Gefährt, lachten, machten Vorschläge.

„Aber blei'm se man sitzen, wir hol'n se raus.“

„Hau ruck, hau ruck“ sechs Mann hoben mich aus der Rasur heraus, mitsamt dem Auto, ich stand nun wieder auf der Straße.

Die Hecke sah aus wie frisch gepflanzt, nur etwas holzig. Und mein Auto? Zwei Reifen waren platt, von vorne will ich gar nicht erst anfangen. In 200 Meter Entfernung wohnte mein Sohn.

„Wo woll'n se denn hin?“ Mit zwei defekten Reifen und so viel männlichem Beistand jonglierten wir das Fahrzeug bis auf seinen Hof. Sie, die sechs Männer, begleiteten mich bis wir da waren, dann verschwanden sie auf Nimmerwiedersehen. Ich kenn sie heute noch nicht. Ich fand und finde sie noch immer toll.

Nachts ging ich in mich, oder wollte in mich gehen. Die Hecke war ja nun hin, da konnte man nichts dran ändern, der Besitzer derselben hatte mich nicht identifizieren können, denn er war nicht da, aber die Nachbarin! Also, ich mußte Farbe bekennen und hin zu ihm zum Beichten. Über die Hecke sprach er gar nicht, es war die Mauer, die er ins Spiel brachte. Die hätte durch meinen Heckenritt gelitten und müßte erneuert werden. „Seh'n sie sich die doch an, wie schief die ist."
Für mich war sie eigentlich grade. Aber mein schlechtes Gewissen gab ihm recht.
Die Versicherung gab ihm für die Mauer 4000,- Mark. Die Mauer steht noch heute. Sie stünde auch noch nach einer weiteren Heckenrasur. Denn sie ist gebaut nach den früheren Mischungsverhältnissen: 1:5.

Eine Nonne ist mit dem Auto unterwegs, als ihr das Benzin ausgeht. Der Tankwart einer kleinen Tankstelle möchte helfen, hat aber keinen Benzinkanister. Er geht ins Haus und kommt mit einem Nachttopf wieder, den er für die Nonne mit Benzin füllte. Diese geht damit zu ihrem Auto, läßt das Benzin einlaufen, als neben ihr ein anderes Auto hält. Der Fahrer meint erstaunt: „Ihren Glauben möchte ich auch haben."

„Die neue Eisenbahnlinie", erklärt ein Agent dem Farmer, „führt genau durch ihre Scheune. Natürlich werden sie dafür entschädigt."
„Über das Geld können wir später reden. Aber glauben sie ja nicht, daß ich jedesmal das Tor aufmache, wenn ein Zug kommt!"

glossiert 1992
Die Bildungslücke
Wer kennt sie nicht, die klassische Frage aus der „Feuerzangenbowle": „Wat is önne Dampfmaschin?" Ick stell' mir heute im Brandenburgischen die Frage: „Wat is 'ne Snak-Bar?" Da stell ick mir janz dumm. Ne Snak-Bar, det is erst ma ne kleene intime Stube, wo det so schnucklige Sachen zu essen jibt, uff die zu Hause keen Mensch kommt. So jerollten Schinken, innen drinne vielleicht

Fleischsalat, nebenan 'ne Pfefferjurke und jefülltet Ei und vielleicht uffjespießten Käse mit Ananas und Mandarinen, verdrehte Salamischeiben mit Pilze und Butterstulle. So in die leckere Richtung jedenfalls.
Een jewesener DDR-Bürger hat doch keene Ahnung mangels Masse an Snak-Bars. Und innet Ausland wie Ungarn und Bulgarien fehlten die entsprechenden Snak-Bar-Devisen.
*Also aus lauter Neijierde und och weil ick wat knabbern wollte, stürzte ick nach dem Tanken in die Autobahnraststätte (Hamburg-*Berlin).
Snak-Bar leuchtet det von weitem. Nu wird die jroße Welt über mir hereinbrechen, denk ick noch. „Frollein", sage ick, „wo is denn hier die Snak-bar?" „Sie stehn jenau davor" Und wat jab et? Heiße bis lauwarme Würstchen mit lebensmüden Kuchenbrötchen. Det Interessanteste war der Mostrich. Der war einjeschweißt. Wenn man een starken Fingernagel hatte, spritzte der raus, mit bißken Jlück an de Bluse.
Und detwejen baun die extra an de Autobahn und nenn' det Snak-Bar. Bei uns in Luckenwalde steht an jede Ecke so'n Ding. Sie nenn' det bloß Würstchenbude, und da jibt et sojar mehrere Sorten Würstchen und och noch Döner und Buletten und Glühwein.
Wenn ick mir det so richtig überleje, hab ick mit die Snak-Bars bis jetzt nischt versäumt. Jedenfalls nich off de Autobahn.
E.R.

Verkehrsteilnehmer aller Klassen, vereinigt Euch!

Als geborene Radfahrerin trainierte ich diese Art der Fortbewegung in mehreren Jahrzehnten meines Lebens bis zur Perfektion. Mit einer frisch-fröhlichen grauen Regenpelerine trotzte ich Regen, Wind und Schnee und behauptete mich am Straßenrand neben den himmelblauen Trabants und den erbsengrünen Wartburgs.

Nun sitze ich, vor den Unbilden des Wetters geschützt, in meinem warmen Auto und wundere mich über die anderen Verkehrsteilnehmer. Die Straße als Kriegsschauplatz, jeder kämpft gegen jeden, die Fußgänger gegen die Radfahrer, die Radfahrer gegen die PKW, die PKW gegen die großen Brummis, die immer länger werden und kaum noch um die Ecke kommen. Ganz neue Spielregeln sind einzuhalten, die alten sind außer Kraft. Einige Ewiggestrige können sich zwar nicht vollständig von früheren Gewohnheiten trennen und stören das Straßenbild. So gibt es immer noch Radfahrer, die völlig unmodern den linken Arm herausschnellen (als wollten sie Walzer linksrum tanzen) und im Winkel von 90 Grad anzeigen, welche Richtung sie einzuschlagen gedenken. Sie haben es nicht leicht, die Balance zu halten, das Rad schlingert etwas und wenn diese Rentner absteigen, brauchen sie einen langen Auslauf. Einige können schlecht zu Fuß gehen, aber mit zwei Rädern nehmen sie aktiv am Verkehrsgeschehen teil. Radfahren geht immer. Jüngere Leute, vornehmlich Frauen, verbreitern ihre Lenkstange mit mehreren Taschen und Beuteln. Lange Henkel lassen die Behältnisse lustig über die Fahrbahn flattern. So ersparen sie sich die Richtungsanzeige mit dem Arm, man spreizt nur noch elegant den kleinen Finger der linken Hand etwas ab, und die nachfolgenden Fahrzeuge ahnen, wo es langgeht. Am besten ist es jedoch, alle anderen Teilnehmer des Straßenverkehrs zu überraschen und einfach ohne Anzeige quer über den Damm zu fahren.

Morgens trifft man auf Radler, die es richtig gelernt haben, die Pedalen zu bewegen. Sie strampeln, was das Zeug hält. Spätere Akteure betrachten in aller Seelenruhe vom Rad aus die Auslagen der Obst- und Gemüsegeschäfte und sorgen auf die Art für den Rhythmus auf der Straße. Man wundert sich manchmal, daß sie bei dem Tempo über-

haupt das Gleichgewicht halten und nicht umkippen. Kinder und Jugendliche benutzen mit 50 Stundenkilometern grundsätzlich den Bürgersteig und erschrecken die Fußgänger, die daraufhin ohne Vorwarnung auf die Zebrastreifen springen, zur Freude der Autofahrer. Mit ihren Mountain-Bikes schießen sie vom Schulhof direkt in den fließenden Verkehr. Eine ehemals verteufelte Parole wird noch einmal verwirklicht: „Alle Räder stehen still, wenn mein starker Arm es will.“ Sie bestimmen den Verkehr an den Selbstbedienungsampeln. Gruppenweise versuchen sie im Vorbeifahren den roten Knopf zu treffen, es schaffen fast alle, die es nicht schaffen, üben fleißig. Auch vorüberziehende Schulklassen werden von solchen Knöpfen magisch angezogen. Die so eingeleitete Verkehrsberuhigung ist nicht gleichzusetzen mit Fahrerberuhigung. Die Fahrer gucken freundlich durch ihre getönten Scheiben auf die fröhliche Kinderschar und ihre Selbstgespräche gipfeln in zärtlichem: „Den'n könnt ick jleich eene knalln oder mal ordentlich den Arsch versohl'n.“
Die Zebrastreifen werden von den Fußgängern als verlängerter Bürgersteig angesehen. Man betritt sie gedankenverloren, ohne auf den fließenden Verkehr zu achten und überquert die Straße einzeln im Gänsemarsch, seltener in Gruppen, dann aber würdevoll in Gespräche vertieft. Nur Gehbehinderte haben es auf dem Überweg eilig und mit völlig antiquiertem Kopfnicken drücken sie ihren Dank aus. Die Autofahrer zahlen ihnen das alles zurück, indem sie keinen Schritt mehr zu Fuß gehen. Warum zehn Meter vom Bäckerladen entfernt halten, wenn direkt vor der Tür der Verkehr blockiert werden kann. Man parkt, wo man will. Das ist die Freiheit, worauf man Lust hat. In solchen Engpässen zeigen Könner Millimeterarbeit. Augen zu und dann durch. Wer gerade die Fahrprüfung abgelegt hat, fragt natürlich erst im Laden, ob vielleicht jemand die Verkehrshindernisse aus dem Weg räumen könnte.
An Straßeneinmündungen merkt man die Fehlkonstruktion unserer Augen. Hier brauchte man eine Art Weitwinkel wie beim Fotoapparat, um hinter die zugeparkten Autos zu sehen. So erahnt man die herannahenden Fahrzeuge mehr als man sie sieht. Manche hört man auch. Es sind verhinderte Lautsprecher, die bei offenem Fenster mit vollem Rohr

ihre musikalischen Kostproben abgeben und jedem Rummel Konkurrenz machen. Sie tun viel für die Umwelt. War es früher der fehlende Auspuff, ist es heute die Qualität des Radios. Natürlich zeigen einige nur begrenzt, was sie mit 80 Sachen so in der Stadt drauf haben, andere tragen ihr Auto mehr oder weniger um die Ecke. Kontaktfreudige hupen bei jedem Bekannten, Ängstliche bei jeder Taube. LKW ohne Ende machen das Chaos komplett. Drei LKW mit Hänger und dazwischen ein Trecker laden immer zum Überholen ein. Wer Mut hat und beherzt ist, springt in kurvenreichen Chausseen dazwischen. Die Überholten schütteln mit dem Kopf und möchten denen am liebsten in die Reifen schießen. Sie fordern die Sendung vom siebenten Sinn als Pflichtlektüre unter notarieller Aufsicht. Steige ich bei schönem Wetter auf mein altbewährtes Fahrrad um, verhalte ich mich naturgemäß wie ein Radfahrer und hänge Beutel für Beutel an die Lenkstange. Als Fußgänger schimpfe ich über die endlosen Autoschlangen. Und sitze ich im Wagen, wünsche ich, die anderen wären alle zu Hause geblieben. Fehler? Mache ich keine. Ich nicht! Oder habe ich doch den anderen zu verdanken, daß meistens alles gut geht?
Die Polizei? Die hascht die kleinen Sünder und hat alle Hände voll zu tun, die aufzuschreiben, die ohne den eben geklauten Autospiegel nach Hause fahren, oder wie mich verfolgen, als ich mit den Nebelrückscheinwerfern die Straße hell erleuchtete. Immer schon hatte ich wissen wollen, welche Bedeutung dieser Knopf wohl hat.
Verkehrsteilnehmer aller Klassen, entschuldigt mich!

Der Polizist wiederholt noch einmal das aufgenommene Protokoll: „Sie schlugen ihren Golfball auf die Straße. Dort zerschmetterte der Ball die Frontscheibe eines Wagens. Dieser rammte ein Feuerwehrauto, das daraufhin gegen einen Baum fuhr, woraufhin das Haus abbrannte, das gelöscht werden sollte. Mein lieber Mann, das ist aber ein Ding. Was haben sie dazu zu sagen?" „Wo ist mein Ball?"

Streß - nichts als Streß

Ach, was muß der Mensch sich plagen
an wohlverdienten Urlaubstagen.
Statt in die Sonne sich zu legen
will er den Körper fortbewegen.
Das ganze Jahr ist er zu Haus,
nun treibt`s ihn in die Ferne ´raus.

Man sieht ihn mit ´nem großen Kasten
über hohe Berge asten.
Er filmt die Frau an Fels und Tann'
und die neue Drahtseilbahn.
Hat er alles konterfeit
ist's zum Essen wieder Zeit.

Bis hinauf zu hohen Steinen
schleppt er Büchsenfleisch von Schweinen.
Der Öffner tut so hoch sich schwer, zu Hause funktionierte er.
Das Fett der Schweine spült er munter
mit einer Flasche Saft hinunter.

Heimlich sucht er nun nach Ecken,
um das Leergut zu verstecken.
Weit ist hier die Müllabfuhr
in Gottes herrlicher Natur.
Abschließend sucht er nach Null-Null,
vom Essen ist der Bauch ihm vull.

Da vorne links ist eine Wiese,
nie war 'ne Wiese schön wie diese,
hier könnte man paar Blümchen pflücken
und seine Frau noch kurz beglücken.
Doch eine größere Rindviehherde
beglückte vorher schon den Teil der Erde.

Der nächste Baum ist blaß markiert,
der grüne Weg nach unten führt.
Es werden ihm die Beine schlapp,
und auch die Atemluft wird knapp.
In den Beeren rutscht er ab, die roten,
und fühlt sich halbwegs bei den Toten.

Ein Wegweiser beruhigt ihn,
vier Stunden soll es sich noch ziehn.
Er wird am Ort sein gegen sieben,
ach wär er doch zu Haus' geblieben!
Das Haar ist ihm vom Schweiße naß,
und ihn befällt ein jäher Haß
auf alle, die im Tale sitzen
und nicht wie er hier oben schwitzen.
Auf allen Vieren kommt er an.
Drei Blasen hat am Fuß der Mann.
Er fällt auf die Matratze nur
zurückgekehrt aus der Natur,
erzählt er tags drauf allen andern:
Ja, Leute, ihr müßt wandern, wandern!!

Er sieht noch Berge, acht, neun, zehn.
Dahin sollt er auch noch gehn.
Doch wenn er an die Qualen denkt,
er seine Schritte anders lenkt.
Hübsch anzusehn von unten ist des Berges Spitze
in fürchterlicher Sommerhitze.

Schallalalahahaha

Man hat ja keine Ahnung wie leidensfähig ein Mensch sein kann. Zu Hause denke ich manchmal, ein paar besoffene Klempner probieren ein neues Abwassersystem aus; dabei ist es die heutige Musik aus dem Radio. Dann schalte ich ab. Dieser Omnibus ist 16 Stunden an einem Stück unterwegs, und ich bin dem Konzert auf Gedeih und Verderb ausgeliefert. Die Reise ist gebucht, ich kann nicht einfach aussteigen. Und ausgerechnet meine Ohren haben sehr sensible Antennen, ich höre, wie man so schön sagt, die Flöhe husten. Hier im Bus hustet keiner, es röhrt einer, und durch die moderne Elektronik ununterbrochen, am laufenden Band: Wahnsinn, warum schickst du mich in die Hölle, einmal wirst du meine Seele erhörn.

Oh, wenn er doch endlich da unten bliebe, nein, er erholt sich wieder, und weiter geht's im Text: Ich hab versucht, dich zu vergessen, doch ich schschschaff es einfach nicht ....

Und auch nach sieben Tagen und sieben Nächten will er sie nicht hergeben. Vom Meer singt er auch noch was, vielleicht geht er nun ins Wasser. Dann würde Ruhe einkehren.

Und das Band läuft und läuft und läuft, und so direkt scheint das niemanden zu stören. Nur mich. Mich mit meinen sensiblen Antennen.

„Fehlt bloß noch, daß die anfangen zu klatschen. Ist ja jetzt groß in Mode.“, moser ich meinen Nachbarn an. Ich fange an, ihm diese ewigen Klatschkonzerte zu vermiesen. „Kaum daß einer seine Stimmbänder vibrieren läßt, setzen die ihre Hände in Bewegung. Die kommen bloß deswegen, denn den Gesang hört doch niemand.“ Pause.

„Meine Freundin wohnt in Berlin, besser in West-Berlin, das wird für mich immer so bleiben, die versucht mir immer einzureden, diese Mode mit dem Klatschen hätten wir Ossis eingeführt. Bei euch wurde doch immer geklatscht! Ich finde, die Bayern mit ihren Dirndlkleidern und Trachtenjacken können das viel besser. Und die würden sich mit Händen und Füßen gegen eine Übernahme unserer Sitten wehren. Die haben nicht mal den grünen Pfeil akzeptiert.“ Pause.

„Und wir? Wir biedern uns an. Früher holten wir die Wurst vom Fleischer oder Schlächter, heute prangt über dem renovierten Laden ein

Schild: METZGEREI. Da lesen wir am Eingang, er verkauft auch samstags LEBERKÄSE und WEISSWÜRSTE. Nun brauchen wir nur noch die Zeitansage zu üben. Es ist nicht Viertel acht sondern Viertel nach sieben, es ist nicht dreiviertel neun sondern Viertel vor neun. Die Berechnung der Jahrhundertwende oder der Jahrtausendwende klammern wir am besten aus. Mehrere Artikel in der Zeitung haben mich verunsichert, und die Europäische Gemeinschaft hat beschlossen, dabei zu bleiben, es beginnt ein neues Jahrtausend. Obwohl das falsch sein soll. Die Rechnerei macht mich völlig konfus, und manche sollen das sogar begreifen. Ich gehöre nicht dazu. Der Sangesbruder da vorne bestimmt auch nicht." Pause.
Die sechzehnstündige Höllenfahrt gibt mir in der Dunkelheit Gelegenheit, mich innerlich aufzuregen, was mir außer dem Tuten, Stampfen und Scheppern im häuslichen Radio sonst noch nicht gefällt. Durch Mike Krüger wissen wir, daß ein mittleres Ingenieurstudium nötig ist, um den Nippel durch die Lasche zu ziehen.
Ich habe aber Schwierigkeiten, den Nippel wieder draufzukriegen. Die Nippel für die Zahnpastatube sehen rechts wie links aus, und ohne Brille probiere ich stundenlang, welches die schraubbare Seite ist. Entzückt bin ich von den Flaschen mit Sicherheitsverschluß. Drauf drükken und nach links drehen. Ich bin schon zu anderen Leuten gelaufen, die mehr von der Technik verstehen und habe mir solche Flaschen öffnen lassen. Beim Putzteufel mag das noch angehen. Aber was macht ein Kranker mitten in der Nacht bei seinen Herztropfen. Ängstlich und verwirrt wird er die Fläschchen beiseite stellen.
Der Liebeskranke will noch immer in die Hölle, er hält die Fahrerin wach, alle dösen dem neuen Tag entgegen. Der Reiseleiter wird munter und verströmt seinen morgendlichen Charme. Voller Ehrlichkeit ermahnt er uns, auf unsere Taschen zu achten, viel fahrendes Volk wäre unterwegs, nichts wäre vor denen sicher, sie klauten die Wäsche von der Leine und rissen den Touristen die Handtaschen weg. Er verliert sich in Einzelheiten, solche Details habe ich in anderen Omnibussen in anderen Ländern ebenfalls gehört. Binsenweisheiten, „Keiner will sie haben, sie versauen unser Land!" Zu Hause stünden wir bei der Ver-

kündigung am Pranger, die Zeitungen fielen über uns her. Woanders dürfen sie sich darüber äußern.
Ja, da haben wir mit Gesamteuropa allerhand zu tun, ich mache mir meinen eigenen Reim drauf, ich bin keine politische Kämpfernatur, also darf ich undoktrinär denken.
Wie gut haben es die Leute mit dem Schallalalalahahaha. Ob die darüber nachdenken?
Und in Bayern ist man schon verdächtig, wenn man GUTEN TAG sagt. Grüß Gott, Herr Lehrer. Grüß Gott, Herr Pfarrer, Grüß Gott, Herr Apotheker. Grüß Gott, Frau Nachbarin. Sonst muß man wahrscheinlich einen Asylantrag stellen.
Schallalalalahahaha...

„Mutti, ich glaube, unser Nachbar versteht gar nichts von Musik."
„Wieso, mein Junge?"
„Weil er mir heute gesagt hat, ich soll doch mal meine Trommel aufschneiden und sehen, was drin ist!"

„Warum gehst du denn immer auf den Balkon, wenn deine Frau singt?" „Damit die Leute sehen, daß ich ihr nichts tue"

Frau Müller trällert vor sich hin. Plötzlich kommt ihr Mann und sagt: „Du hättest mir ruhig sagen können, daß du singst, denn seit einer halben Stunde öle ich das Gartentor."

Konzert eines Cellospielers. Eine Mutter mit ihrem Kind im Parkett. Alles lauscht der Musik, es ist ganz still. Plötzlich sagt das Kind laut: „Mama, wenn der Mann den Kasten zersägt hat, gehen wir dann nach Hause?"

„Böse Menschen haben keine Lieder, aber häufig eine Stereoanlage."
Robert Lembke

Wer sich in Gefahr begibt kommt darin um

Selbstverständlich hat mir das Polizeipräsidium auch schon eine Fotografie geschickt, nicht in Hochglanz aber mit einem Binnenbrief: Binnen zwei Wochen haben sie 50 Mark zu zahlen.

Das ist der Beweis für den Herdentrieb, wenn man nicht den Mut hat aus einer Gruppe zügig fahrender Zeitgenossen auszuscheren. Und die Sache mit dem Sicherheitsgurt hat mir die Polizei wiederholt schmackhaft gemacht, so daß ich sogar im Bus versuche mich anzuschnallen. Die Gefahr ist groß, ich erkenne das an. Aber nie würde ich auf den Gedanken kommen, weder zu Fuß noch angeschnallt, auch nicht mit einer Kamelkarawane, den Jemen erforschen zu wollen. Meine Neugierde, was hinter den sieben Bergen passiert, hält sich in Grenzen. Aber die Wanderer zwischen den Welten schicken nun Hilferufe und wollen wieder zurück an den mitteleuropäischen Herd. Vor meinem Fernseher im temperierten Zimmer frage ich mich, warum die den Nervenkitzel mit den Aufständischen so in die Höhe treiben, daß der Außenminister sich für sie verwenden muß. Und alles ist für umsonst. Die Woche drauf fahren wieder welche in die gleiche unsichere Gegend und das Geschrei um die Sicherheit und eine glückliche Heimkehr beginnt von vorne. Nun kommt die Geschichte von dem Steuerzahler, der das alles für die Ewigdummen bezahlen muß.Es sitzen Tausende in den Bergen fest und werden unfreiwillig Zeugen der gewaltigen Lawinen. Angst und Schrekken vertreiben die Lust am Wintersport. Schnell weg von hier. Doch die Reisebüros verzeichnen keinerlei Verluste. Wer es einrichten kann, reist weiterhin an, damit er nichts verpaßt und wie die Zeitungen mit den großen Buchstaben immer dabei ist.

Interview: Ich hab mir den Urlaub ehrlich verdient. Und großes Gedrängel an den Treffpunkten, die einen wollen raus, bloß weg aus der Gefahrenzone, die andern kommen, um das alles mitzuerleben. Die die helfen wollen unter Einsatz ihres Lebens stehen richtig ein bißchen im Weg. Anschließend werden ein paar Dumme gesucht, die an dem Desaster Schuld sind. Nicht jede Woche werden Neugierige von Aufständischen verschleppt, nicht jede Woche reißen Lawinen Wintersportler in den Abgrund, viel häufiger findet der Kampf auf den Straßen statt. Das Faustrecht herrscht, jeder ist gegen jeden, 50 % sind immer für etwas, die anderen sind immer dagegen. Die Polizei kann einem Leid tun. Hinterher werden einige entlassen, weil sie die Schläger nicht sanft genug behandelt haben. Es hätte doch genügt mit dem Finger zu drohen. Du, du das macht man nicht. Hat man tatsächlich einen zur Wache geschleppt, wird der nach einer Stunde wieder entlassen. Wozu der ganze Aufwand? Und Otto Normalverbraucher will sein demoliertes Auto ersetzt haben, die Versicherung weigert sich, die Schaufensterscheiben werden begrenzt bezahlt, die Polizei ist der Sündenbock und die Demolierer werden in den Zeitungen als bedauernswerte Demonstranten hingestellt. Das verstehe wer will. Schläger und auch Totschläger haben wir gerade genug. Der Normalbürger ist froh, wenn die aus dem Verkehr gezogen werden. Und der Normalbürger begrüßt auch nicht die großzügige Pension Knast. Mit Freigang, warm sitzen und das Abitur nachholen. Und schließlich findet man ein ganz kleines Licht, will an dem ein Exempel statuieren, die Großen kriegen sich vor Lachen nicht ein. Gefahr lauert aber auch hinterrücks, da wo man sie nicht erwartet. Im Bus stellt sich am Anfang einer Ferienreise eine junge Blondine vor: „Ich bin Moni, bei mir können sie Würstchen bestellen und Kaffee gibt es auch." Und los geht die Fahrt mit dem Bus. Nach einer Ewigkeit bietet ein Mitreisender Selters und die klitzekleinen Spaßmacher an. „Na," denk ich, „die macht sich die Sache aber einfach. Was macht die eigentlich die ganze Zeit? Unterhält die sich mit dem Fahrer?" Nein, es war die Fahrerin vom Bus selber. Sie fuhr uns 16 Stunden am Stück, kochte in den Pausen Kaffee, bot Würstchen an, rauchte schnell eine Zigarette, und alles ohne Co-Pilot. „Dürfen sie das?" „Ich muß das!" war die überzeugende Antwort. Bei 16 Stunden auf verschneiten Straßen in unerforschten Gegenden kommen einem eigenartige Gedanken. Wer sich in Gefahr begibt, kommt darin um. Und mich bitten sie zur Kasse, weil ich mich nicht anschnalle, oder weil ich fünf Kilometer zu schnell fuhr.

„Kennen sie eigentlich Helgoland?" „Aber ja, ich habe mit meinem Reisebüro die Fahrt: Hundert Jahre Helgoland mitgemacht." „Also ehrlich, mir haben 14 Tage völlig genügt."

Det fiel mir uff!!

Wenn ich so am Wasser sitze
bei 30 Grad das Fett ausschwitze,
und unbarmherzig brennt der Stern
frag ich mich ausgedörrt: Wie hätte ich's denn gern?
Am liebsten oben und auch unten OHNE.
Zum glatten Hohne
hab ich grad jetzt drei Kilo zugenommen.
Am besten retuschiert ein weites Badekleid.
Ich seh mich um voll Neid.
Da fällt mir uff:
die Modemacher in den bunten Magazinen
zeigen och bloß Bluff.
Wo sind die dürren Garderobenständer
und ihre flatternden Gewänder?
Man trägt auch diesen Sommer Bauch,
und schöne Polster - oben, vorne, hinten auch.
Männer die am Strande liegen,
sehn aus als ob sie Kinder kriegen.
Und mit Entzücken,
da fällt ihn'n uff -
die Frauen hab'n nicht nur 'n vollen Rücken.
Man trägt den Wohlstand nicht in Form von buntem Plunder,
keiner ist so flach wie eine Ostseeflunder.
Von Kalorien hat da niemand was gehört.
Die Modemacher liegen ganz verkehrt.
Wie hatten's doch die alten Griechen fein,
die hüllten sich diskret in Laken ein.

Zimmer mit Bad und WC

So hieß es im Vertrag.
Wir kampieren unter einer Stuckdecke. Beim mittäglichen Dösen verfolgte ich die gehobene Maurerkunst so hoch da droben und entdecke die abrupte Unterbrechung durch eine frisch gezogene Wand. Diese Wand zerstört die Ästhetik, aber durch sie treten wir in ein überdimensionales Badezimmer, ein richtiges Badezimmer, hier hätten Handtücher für ein Ehepaar mit fünf Kindern Platz, zwei Waschmaschinen und auch ein Trockner hätten den Raum noch lange nicht ausgefüllt. Allemann hätten in der Riesenbadewanne gemeinsam plantschen können. Das Toilettenschränkchen war allerdings schon mit den Zahnbürsten überfordert, für die Tuben und Dosen gab es aber ein geräumiges Fensterbrett.
Ein Architekt mit einem Hang zur Akrobatik hatte die Toilette konstruiert. Haarscharf schrammt die Tür am Becken vorbei, schlägt an die Wand und versperrt das sofortige ungehinderte Eintreten. Ein Bein hebt man an, setzt es über das Becken, schließt etwas die Tür und nun gelingt es, das zweite Bein in den Raum zu setzen. Eilig darf man es allerdings nicht haben.
Was diesem Raum in der Breite fehlt hat er in der Länge. Der Arm kann die bewußte Rolle nicht erfassen, so steht sie immer an der Erde. Und ich las im Prospekt ... voriges Jahr neu gestaltet.
Wenn nun aber der Luxus in unsere Wohnungen einzieht, wird hoffentlich auch in öffentlichen Gebäuden, in Restaurants und in Hotels der Spielraum für die Rubensfiguren der Moderne richtig berechnet werden können. Auch Schlankheitsfanatiker sind nicht unbedingt sportliche Naturen, die beineschwingend primitive Bedürfnisse erledigen möchten. Vielleicht kommt zwischendurch einer auf die Idee, einen Haken für den Mantel anzubringen.
Vorläufig informieren mich vielversprechende Prospekte:
Machen sie mehr aus ihrem Bad! Schaffen sie eine elegante Wohnatmosphäre!
Wie soll die aussehen? Im Prospekt jedenfalls so: sie trinken Sekt, im Smoking und großer Robe, auf Barhockern sitzend. Sie süffeln mit-

einander, Palmen überall, auf der Wanne, vor der Wanne, hinter der Wanne.
Keine Waschlappen. Exklusivität. Was machen die Leute in der übrigen Wohnung? Brauchen die überhaupt eine? Vielleicht leben die vollkommen im Bad? Das ist auch eins, das ist kein Badezimmer, wo man sich mit der Bürste die Nägel schrubbt, wenn man aus dem Garten kommt. Die bauen auch keine Radieschen an, die lassen anbauen oder sie gehen essen.
In meiner jahrzehntelangen Badezimmerlaufzeit ist es mir einmal passiert, daß mir wegen völliger Erschöpfung durch einen sonnabendlichen Kartoffeleinsatz, dem freiwilligen Subbotnik, ein wiederbelebender Kaffee an der Badewanne gereicht wurde. Der Kaffeekocher hatte keinen Frack an, seifte mir aber den Rücken ab. Es fehlten damals auch die Barhocker, dafür gab es einen Badeofen, der intensiv mit Holz geheizt werden mußte. Das waren noch Zeiten!
Dann gab es noch den feinen Unterschied zwischen der Seife für OBEN und UNTEN. Natürlich war und ist die Naßzelle ein ständiger Krisenherd etwa wie die Fernbedienung. Das Frage- und Antwortspiel: „Ob du je begreifen wirst wie die Tube ausgedrückt wird? Ich möchte bloß wissen, wie man den Spiegel von oben bis unten mit Zahnpasta-Spritzern verzieren kann!“ „Suchst du nach Falten oder Pickeln?“ spielt sich dreimal die Woche so sicher ab wie die Sonne aufgeht.
Wie viele Sitten, Bedürfnisse und Variationen ... Funktionen.
Ich schwamm in einem mosaikgefertigtem Bad, beheizt natürlich, legte mich anschließend auf die ebenfalls beheizte Bank, um mir Gedanken für den übrigen Tag zu machen. Ich war bei Tante Frieda auf dem Klo eine Treppe tiefer, mit dem Wasserkrug in der Hand, ich kenne Abstellkammern mit Becken und Waschschüsseln, mit Nachttopf und Wasserkessel, mit Wäscheleine für die Strumpfhosen und den teuren BH. Ich kenne auch stille Örtchen mit Aschenbecher und Zeitungsständer, sicher gibt es welche mit Radio und Fernseher. Bequem soll es der Mensch bei seiner Notdurft haben. Nichts menschliches bleibt uns fremd. Keine sibirische Toilette mit zwei Stöcken. An den einen hängt man die Jacke, mit dem anderen vertreibt man die Wölfe.

Die Reise nach Istanbul

Elli hatte eine Reise gewonnen, sagte sie jedenfalls, für zwei Personen, ich sei die zweite, sie lädt mich ein.
„Ach, sag ich, Elli, was hab ich nicht schon alles gewonnen. Für die vielen Autos müßte ich mir schon eine Wiese mieten, ich besitze etliche Villen, elektrische Fensterputzer und hochmoderne Küchengeräte. Angekommen ist noch nichts. Wenn du tatsächlich die zwei Tickets in der Tasche hast, komme ich mit."
Ein Wunder, die Tickets trafen ein, wir starteten nach Schönefeld, ließen aber die Taxe vorsichtshalber warten, bis wir der Sache halbwegs sicher waren.
Der Flughafen war gerammelt voll. 387 Personen warteten genauso vertrauensselig wie wir auf die Abfertigung. Niemand wußte was Genaues. Man mußte sich anstellen, von hinten versteht sich.
Es war so ein ganz anderes Fluidum als im Fernsehen, wenn feingemachte Leute mit Hut und Hackenschuhen durch diese heiligen Hallen wandelten. Keine Eleganz, Stehvermögen brauchte man und Durchsetzungskraft, Schultertaschen flogen einem um die Ohren und lautstarke Stimmen untermalten die Ungewißheit des Abfluges.
„Paß mal auf unsere Koffer auf, ich mach das schon." Dann war Elli weg. Fröhlich lächelnd ging sie an den frustriert Wartenden vorbei, grinste jeden unverschämt, ein bißchen senil, an und als endlich einer mit den wichtigen Stempeln kam und die Geschichte in Gang brachte, war sie fast die erste, die das Flugzeug bestieg, ich mit dem Gepäck hinterher.
Wir saßen jedenfalls erst mal, ein feiner Platz, es konnte losgehen.
Aber Elli konnte lesen: Raucher stand da. Vor zehn Jahren hatte sie dieses Laster aufgegeben. „Wir haben einen falschen Platz. Ich will in Nichtraucher." „Der Platz ist doch prima, die werden uns doch nicht die ganze Zeit einnebeln!"
Nein, wir stürmten den anderen Reisenden entgegen, mit unseren Taschen und meiner neuen Lederjacke. Hoffentlich halten das die Knöpfe aus. Ein Gewühle, ein Chaos, zwei Mann gegen fast 385, ein ungleiches Verhältnis. Dann saßen wir wieder, wieder ein wunderbarer Platz, diesmal wie gewünscht ohne Qualm. Aber unsere Gepäckscheine wa-

ren beim Umtausch der Plätze abhanden gekommen, sie klebten an den alten Platzkarten. Elli, die normalerweise am Stock lief, regelte auch das mit der Stewardeß, halb türkisch mit Händen und Füßen. Worauf hatte ich mich da bloß eingelassen? Zu Hause waren sie froh, einige Tage diese Nervensäge vom Halse zu haben. Nun war ich dran, für 24 Stunden am Tag.
Bis Istanbul waren es ca. zwei Stunden, zwei Stunden Aufklärung über Frau Lehmanns Operation, Nachbars Hund und die Liebesgeschichten ihrer verwitweten Schwägerin, auch schon 80 Jahre und etwas drüber wie sie selber. „Die findet immer wieder einen! Wie die das macht! Und immer so reiche Knöppe. Die gehen mit ihr in die teuersten Restaurants, sie behängen sie mit Ketten und Ringen. Ich versteh die Welt nicht mehr." Kurz vor Istanbul war sie durch völlige Erschöpfung endlich eingeschlafen.
Ein Entrinnen gab es in den nächsten Tagen nicht. Zwischen Moscheen und Minaretten hörte ich die nicht berechtigten Telefongebühren. „Die schicken dir da Rechnungen, als wenn du dreimal die Woche mit Neuseeland sprichst. Was sagst du denn dazu?" Eine Antwort wollte sie gar nicht hören, sie riß mir im Basar aus, tanzte hinter den Tischen herum, und suchte nach Sachen, von denen sie dachte, die Händler wollten sie ihr nicht verkaufen. Ich wäre viel lieber mit einem ungezogenen Dackel verreist, den konnte ich eventuell in die Tasche stecken.
Im Doppelzimmer nachts ein plötzlicher Lärm. Elli kam besänftigend aus dem Bad. Sie war mit dem Nachthemd am Klodeckel hängen geblieben. Gleich darauf fiel sie über mich her, sie war buchstäblich aus ihren Latschen gekippt.
Aber auch von draußen drohte es. Hatte man mich nicht gewarnt? Fahr nicht in die Türkei! Da ist es unsicher, da wird geschossen! Und nun schoß es. Rote Lichter drangen durch die Vorhänge. Ganz still bleiben, jetzt nicht rausgucken. Schrie da nicht schon einer? Oh, mein Gott, hätte Elli lieber nicht die Reise gewonnen.
Die halbe Nacht dröhnte es draußen. Mit der Decke über dem Kopf bei türkischen Temperaturen schlief ich trotzdem ein, umweltgeschädigt von Elli und der Türkei.

Am nächsten Morgen beim Frühstück wußten wir, die Türkei hatte das Fußballspiel gegen die Schweiz gewonnen, deswegen die Ballerei. Der Schreiende war als der Muezzin erkannt worden, der immer vom Turm schrie. Nachts konnte das keiner wissen. Bei uns zu Hause machte man das nicht. Völlig erschöpft löste abends Elli unsere Liaison auf. „Ich geh jetzt ins Bett. Du kannst noch was unternehmen."
Mit anderen Frauen nippte ich in der Bar an einem Kognak oder auch zweien. Billig war es nicht, so hielt sich der Konsum in Grenzen. Zwischendurch guckte ich nach Elli, ob sie auch gesund aus der Badewanne herausgekommen war. Sie lag mit hochroten Backen im Bett und war hingerissen von meinem Buch, was ich ihr zum Einschlafen gegeben hatte. „Das ist vielleicht ein Buch. So was hab ich noch nie gelesen. Wo hast du denn das bloß her?"
In meinem Buchladen hatte ich ein Buch verlangt, keine wissenschaftliche Lektüre, ich weiß schon eine ganze Menge - also ein bißchen Unterhaltung. Selber hatte ich keine Ahnung vom Inhalt. Aber nun Elli. „Was die da alles schreiben! Du, ich war früher ein sehr hübsches Mädchen. Wenn ich noch mal jung wäre, würde ich versuchen mein Geld auf diese Art und Weise zu verdienen. Die poussieren da mit den Reichen der Welt rum wie nischt. Du kriegst das Buch erst wieder, wenn ich damit fertig bin. Du kannst wieder in die Bar gehen!"
Was war das für ein Buch, was eine 80 jährige so wach hielt? Es war der Tatsachenbericht eines internationalen Call-Girl-Ringes.
Als die fünf Tage rum waren, war auch das Geld alle. Alle kauften unnützen Kram, als wäre zu Hause inzwischen das Geld unmodern geworden. Man brauchte Behälter, Koffer und Taschen, sie wurden vorausschauend vor dem Hotel angeboten.
Schon im Bus gab es 37 gleiche Taschen. Jeder versuchte seine zu kennzeichnen. „Ich kenn ja meine am Inhalt" so Elli.
In meine klemmte ich mein kariertes Handtuch, weithin zu erkennen. Trotzdem wich sie meiner Tasche nicht von der Seite und wollte besonders darauf aufpassen. „Laß doch das, Elli, ich kümmer mich schon darum, wo ist denn deine?" Ungläubig fing sie an darin herum zu wühlen. Ja, wo war sie denn? Sie hatte sie vergessen, glücklicherweise

fand sie sich beim Zoll. Aber verantwortlich waren natürlich alle anderen, vor allen Dingen ich.
Freundlich lächelnd eroberte sie wiederum die vorderen Plätze für den Eintritt in das Flugzeug. Mit dem Stock bewaffnet machte sie der Stewardeß klar, daß ihr das zustünde. Den Stock legte sie über die besten Plätze, verteidigte sie gegen die nachstürmende Massengewalt und ich konnte mit den neugewonnen Freundinnen aus der Bar in Ruhe einsteigen. Wie First Lady. So wollte ich immer schon mal reisen.
So war Elli. Man erlebte mit ihr alle Stadien, vom Horror bis zum Streß, Fürsorge wechselte mit Aggressivität, Liebenswürdigkeit mit Verteidigungsbereitschaft, Naivität und eine Portion Dämlichkeit. Aber böse konnte man ihr nicht sein, denn böse war sie nicht.

Außerdem in unserem Verlag erschienen:

Elfriede Rüdiger

Erika, im Konsum gibt's Bananen

DDR-Alltag - heiter bis wolkig

„Im Konsum gibt's Bananen!" Der Buschfunk macht den weiblichen Beutelgermanen Beine, sie verließen Haus und Hof, sperrten die Kinder ins Laufgitter, nahmen das Essen vom Herd, hörten auf zu bügeln, schlossen das Büro ab, setzten die Dauerwelle ganz fix unter die Haube, übergaben der letzten Verkäuferin die Aufsicht über die Bockwurst, hüpften aus dem Liebesnest... kurzum, diese Nachricht brachte den gesamten Tagesablauf durcheinander. Es sind Geschichten, die diese Zeit charakterisieren, lustige, fröhliche, traurige, besinnliche und beschauliche, ärgerliche und nachdenkliche. Sie erheben keinen Anspruch auf Vollständigkeit, aber sie sind es wert, in dieser schnelllebigen Zeit aufgeschrieben zu werden, ehe die großen Erinnerungslücken entstehen. Manch einer entgegnet nun vielleicht: „Hat sich denn so viel verändert?" Ja, es ist nicht alles, was wir früher monierten, besser geworden, aber anders ist es schon.

176 Seiten mit Abbildungen 18,90 DM
ISBN 3-00-004891-X

Käte Taubitz

Rund um die „Alte Dorfschenke“

Die 1912 geborene Heimatautorin befaßt sich in Ihrem zweiten Buch mit den einstigen bäuerlichen Traditionen und Alltagsbegebenheiten in und um ein kleines Flämingdorf. So beschreibt sie einfühlsam und humorvoll Geschehnisse die sie vor allem in ihrem Elternhaus, der „Alten Dorfschenke“, hörte und erlebte. Wir erfahren vieles von der Kirmes, der Fastnacht, dem Federnreißen und dem Brotbacken, aber auch vom alltäglichen Leben der Landbevölkerung. Lesen Sie über „Die Kosaken in Heinsdorf“ um 1813, über „Das Federnreißen“ um 1900, über „Die verhinderten Fastnachten“ 1924, über „Das Sprachengewirr auf dem Fläming“ 1929 oder „Die Morchelzeit“ 1964.

204 Seiten mit Abbildungen, 19,80 DM

ISBN 3-00-002114-0

Käte Taubitz

Die einklassige Schule auf dem Dorfe und ihre Lehrer

In dem Buch „Die einklassige Schule auf dem Dorfe und ihre Lehrer“ von Käte Taubitz wird auf anschauliche und humorvolle Weise der Schulalltag einer einklassigen Schule erzählt.
Zur damaligen Zeit wurden zum Teil 84 Kinder im Alter von 6 bis 14 Jahren von einem Lehrer im Lesen, Schreiben, Rechnen und der Religion unterrichtet.
Meist kamen die Kinder der kleinen Dorfschule nie weiter als bis ins benachbarte Dorf, und so waren es auch „Der Schulausflug nach Potsdam“ sowie „Das Sängerfest in Golßen“, die zu einem ganz besonderen Erlebnis für die Schüler und ihren Lehrer wurden.
Aber auch über die Eigenheiten und die Erziehungsmethoden der jeweiligen Lehrer, Pastoren und Schulräte kann man in den Geschichten „Der Dorfschullehrer“, „Schulmeister Rübisch“, „Der Schulrat“ und „Unser neuer Lehrer kommt“ einiges erfahren.

82 Seiten mit Abbildungen, 12,90 DM

ISBN 3-00-003763-2

Käte Taubitz

Lehmanns Mutter

Käte Taubitz wurde 1912 im Flämingdorf Heinsdorf in der Alten Dorfschenke geboren. Sie fühlte sich damals wie heute dem Fläming eng verbunden. Schon seit den fünfziger Jahren schrieb sie Geschichten und Anekdoten des dörflichen Lebens auf. Aber erst 1996 erschien ihr erstes Buch „Lehmanns Mutter“, welches nun in der zweiten Auflage mit neuen Illustrationen von Harry Prüfert vorliegt. Zwei weitere Bücher erschienen dann 1997 „Rund um die Alte Dorfschenke“ und 1998 „Die einklassige Schule auf dem Dorfe und ihre Lehrer“.
In „Lehmanns Mutter“ werden das Leben und die Traditionen auf einem typischen Bauernhof vom Anfang des Jahrhunderts bis in die fünfziger Jahre beschrieben. So erfahren Sie etwas über das Markttreiben, wie man feierte oder die schwere Kriegszeit überstanden wurde, bis hin zur Flucht in den fünfziger Jahren, weil die Abgabenlast nicht mehr zu bewältigen war.

Illustriert von Harry Prüfert.

197 Seiten, 18,90 DM.

ISBN 3-00-007211-X

Andreas Kitzing

Das Leben eines märkischen Junkers

Hans Wichard von Rochow - Stülpe 1898 - 1945

Hans Wichard von Rochow - Stülpe, geboren am 25. Juni 1898 in Stülpe, entstammte einer der ältesten märkischen Adelsfamilien.

Nach seiner Zöglingszeit an der Ritterakademie zu Brandenburg diente er als Fahnenjunker im Königlich Preußischen 1. Garde-Ulanen-Regiment Potsdam. Später war er einer der jüngsten Offiziere an der Front. Nach seinem Abschied 1919 übernahm er die Güter in Stülpe und Plessow. 1921 heiratete er Irmgard von Gundlach. Aus dieser Ehe gingen vier Söhne hervor. Bis zu den Ereignissen um den 30. Juni 1934 (Röhmaffäre) war er aktives Mitglied der NSDAP.

1937 erwarb er das Rittergut in Klessen. Im gleichen Jahr wurde er Domherr zu Brandenburg und Kurator der dortigen Ritterakademie bis zu deren Schließung durch das NS-Regime. 1939 trat er als Reserveoffizier in die Wehrmacht ein. Später kehrte er schwer verwundet aus dem Kessel von Stalingrad zurück, meldete sich aber zu Kriegsende wieder freiwillig zurück zur Front. Am 02. (04.) Mai 1945 starb Rochow einsam im märkischen Wald bei Summt, nördlich von Berlin. Seine Güter wurden in den darauffolgenden Monaten enteignet.

166 Seiten mit Abbildungen, 24,80 DM

ISBN 3-00-002916-8

Harry Prüfert

Jüterboger Spitzen

Satirische Betrachtungen über drei Jahrzehnte

Die in diesem Buch vorgestellten Zeichnungen und Anekdoten wurden innerhalb der letzten zweiundzwanzig Jahre in Zeitschriften und Zeitungen veröffentlicht und spiegeln satirisch Situationen der damaligen und der heutigen Zeit wider. Viele Leser der Bauernzeitung, der Jungen Welt, der Wochenpost, dem Neuen Tag, der Märkischen Volksstimme, der Trommel, der Frösi, der ABC-Zeitung erfreuten sich an den humorvollen Zeichnungen, aber auch heute findet man z.B. im Jüterboger Echo seine Werke. Die Kulturinformation der Stadt Jüterbog war reichlich mit Grafiken und Vinetten von Harry Prüfert bestückt. Zahlreiche Einladungen, Plakate, Visiten- und Glückwunschkarten tragen seine Handschrift. Das Böckchen, welches seit 1978 auf der Lokalseite erscheint, wird uns hoffentlich noch viele Jahre begleiten, um Mißstände des Alltags aufzuzeigen. Leider ist im Zeitalter der Computergrafik richtige Handarbeit immer seltener gefragt. Karikaturen und Pressezeichnungen wären heute eine Brotlose Kunst, meint unser Autor, der auch zahlreiche satirische Texte geschrieben hat, wovon wir nur einen kleinen Teil in diesem Buch verewigt haben.
Wir wünschen viel Spaß beim Lesen, Ansehen, Nachdenken und Schmunzeln.

176 Seiten 50 % Abbildungen, 50 % Text, 18,90 DM
ISBN 3-00-006205-X